Heinz Janssen

Der Mann am Rande

D1697995

Heinz Janssen

# Der Mann am Rande

*Josef aus dem Haus David*

Verlag Butzon & Bercker Kevelaer

*Umschlagabbildung*: Heinrich Douvermann, Josef, aus dem Altar der Sieben Schmerzen Mariens, Kath. Pfarramt St. Nicolai und St. Pancratius, Kalkar

Die Deutsche Bibliothek – CIP-Einheitsaufnahme

**Janssen, Heinz :**
Der Mann am Rande : Josef aus dem Haus David / Heinz Janssen. – Kevelaer : Butzon und Bercker, 1995
ISBN 3-7666-9927-X

ISBN 3-7666-9927-X

Umschlaggestaltung: Axel Theyhsen, Issum
Satz: Kontext – Satz & Layout, Leipzig
Druck und Bindung: Clausen & Bosse, Leck

# Inhalt

# Vorwort

Der heilige Josef ist erst spät „entdeckt" worden, obwohl wir ihn aus dem Evangelium kennen. Frühe Darstellungen zeigen ihn häufig als ‚Randfigur'. Er gehört dazu, aber er scheint fast ohne eigenständige Bedeutung zu sein.

Es waren große Heilige, die ihn entdeckt und seine verborgene Tiefe aufgeschlossen haben: Bernardin von Siena aus dem Franziskanerorden, Ignatius von Loyola, nachhaltig Teresa von Avila, Franz von Sales und andere.

Seine Verehrung in den vergangenen 150 Jahren ist geprägt vom jeweiligen Zeitgeschmack. Wir können ihn heute neu entdecken. Es ist erstaunlich, wieviel Freunde und gute Referenzen der heilige Josef auch in unseren Tagen hat. Es gibt die Äußerungen großer Theologen, wie etwa Karl Rahners, der von ihm sagt: „Josef ist der Bewahrer und Behüter des Sohnes Gottes, unmittelbar dazu bestellt." Es gibt verträumt anmutende Geschichten von Dichtern, die Zuneigung und Verehrung ausdrücken. Bei dem flämischen Schriftsteller Felix Timmermans heißt es in einer Geschichte über die Flucht nach Ägypten: „Josef trug das Kindlein, er trug alles, sein Werkzeug, das Kleiderbündel, Angst und Sorge, und Maria lehnte sich an seine Schulter."

Bildliche Darstellungen aus unseren Tagen machen aufmerksam, daß auch heute Menschen das Gesicht des heiligen Josef tragen. Die Heiligen, so sagt es Ida Friederike Görres, sind „eben nicht ‚Gast aus der Fremde', sondern immer Gipfel einer sehr breit angelegten Pyramide ... das höchste und gelungenste Exemplar." In den Heiligen begegnen wir Christus, Heil der Menschen und Licht der Welt.

# Ein kurzer Lebenslauf

Bei Matthäus steht die Ahnenreihe Jesu am Anfang seines Evangeliums. Sie beginnt mit Abraham und führt über David und die Reihe der Könige Judas herab bis auf Josef, den „Mann Marias, von der Jesus geboren wurde, welcher genannt wird der Christus" (hebräisch: der Messias) (Mt 1,16).
Die Ahnenreihe endet bei Josef und springt hier über zu Maria.
Schon an dieser Stelle wird die Rolle Josefs deutlich. Vor dem Gesetz wird er der Vater Jesu, oft bezeichnet als „Nährvater" Jesu. Die davidische Abstammung Jesu ist dem Evangelisten wichtig, weil der Messias nach alttestamentlich-jüdischer Hoffnung aus dem Geschlecht Davids kommt.
Bei Lukas steht die Ahnenreihe Jesu im dritten Kapitel nach dem Bericht über die Taufe Jesu: „Jesus war etwa 30 Jahre alt, als er zum erstenmal öffentlich auftrat. Man hielt ihn für den Sohn Josefs" (Lk 3,23). Und dann beginnt die Aufzählung: „Die Vorfahren Josefs waren Eli ..."
Es folgen Namen, von deren Trägern wir nichts Weiteres wissen, bis hin zu David. Die Reihe führt noch weiter zurück über Juda, Jakob, Isaak, Abraham und endet bei Adam, der von Gott stammte.
Es sind unterschiedliche Geschlechterfolgen. Die Namen erinnern an die lange Geschichte Gottes mit den Menschen. Sie erzählen vom Heilsplan Gottes, in dem der heilige Josef vorkommt. Hierbei geht es der Bibel, um mit Martin Buber zu sprechen, „nicht um Charaktere, nicht um Individualität, und man kann aus ihr keine Charaktere und keine Individualität holen; sie zeichnet etwas anderes, nämlich Menschen in Situationen".

Das trifft für Josef in besonderer Weise zu. Was wir von ihm erfahren, ist seine Beziehung zu Jesus und zu Maria, seine Rolle bei der Menschwerdung Gottes. Das aber ist nicht wenig.

Viermal erscheint ihm „ein Engel des Herrn im Traum" (Mt 1,20; 2,13.19.22). Anders als im Lukasevangelium ergeht bei Matthäus an Josef die Engelsbotschaft von der göttlichen Herkunft und dem heilsgeschichtlichen Auftrag Jesu (Mt 1,20-23). Es sind Worte aus dem Buch des Propheten Jesaja. Der Engel spricht ihn an: „Josef, Sohn Davids" (Mt 1,20). Mit dieser Anrede wird Josef in den großen Zusammenhang der göttlichen Geschichte hereingeholt. Was er vom Engel hört, soll er als Sohn Davids hören. Josef traut der Botschaft des Engels und handelt. Nach den vier Engelserscheinungen heißt es: „Als Josef erwachte, tat er, was der Engel ihm befohlen hatte" (Mt 1,24). „Er stand auf" (Mt 2,14; 2,21) und „zog in das Gebiet von Galiläa" (Mt 2,22). Josef versucht nicht, die Träume zu deuten. Für ihn ist der Engel Bote Gottes und sein Wort Botschaft von Gott. Für ihn gilt: „Die Liebe tut solche Dinge."

Romano Guardini schreibt in seinen Betrachtungen „Der Herr": „Keines der großen Dinge im Menschenleben ist aus bloßem Denken entsprungen; alle aus dem Herzen und seiner Liebe. Die Liebe aber hat ihr eigenes Warum und Wozu – freilich muß man dafür offen sein, sonst versteht man nichts."

Josef hat sich sehr wohl seine eigenen Gedanken gemacht und sich schon gefragt: Was ist passiert? Woher stammt das Kind? Er hat auch schon einen Entschluß gefaßt, „sich in aller Stille von ihr (Maria) zu trennen" (Mt 1,19).

Der Dichter Rainer Maria Rilke spricht in seinem Gedicht „Argwohn Josefs" die inneren Spannungen an:

Und der Engel sprach und gab sich Müh'
an dem Mann, der seine Fäuste ballte:
„Aber siehst du nicht an jeder Falte,
daß sie kühl ist wie die Gottesfrüh'?"

Doch der andre sah ihn finster an,
murmelnd nur: „Was hat sie so verwandelt?"
Doch da schrie der Engel: „Zimmermann,
merkst du's noch nicht, daß der Herrgott handelt?

Weil du Bretter machst, in deinem Stolze,
willst du wirklich den zur Rede stell'n,
der bescheiden aus dem gleichen Holze
Blätter treiben macht und Knospen schwell'n?"

Er begriff. Und wie er jetzt die Blicke,
recht erschrocken, zu dem Engel hob,
war der fort. Da schob er seine dicke
Mütze langsam ab. Dann sang er Lob.

In der Malerei ist der „Josefszweifel" schon früh dargestellt worden. Der Engel trifft auf den schlafenden
Josef, oder das Bild zeigt den zweifelnden Josef im
Gespräch mit Maria. Der englische Schriftsteller und
Literaturwissenschaftler C. S. Lewis hat in seinem
Buch über die Wunder diese innere Spannung des
heiligen Josef überzeugend dargestellt – und er bezieht uns mit ein: „Hätte St. Josef der Glaube gefehlt
zu vertrauen, so hätte er den wunderbaren Ursprung
ihres Sohnes genauso leicht bezweifeln können wie
jeder moderne Mensch; und jeder Mensch, der an
Gott glaubt, kann das Wunder ebenso leicht anneh-
men, wie es St. Josef tat.
Du und ich, wir mögen nicht übereinstimmen, selbst
bis zum Schluß dieses Buches, ob es Wunder gibt
oder nicht, aber reden wir doch wenigstens keinen
Unsinn."

„Als Josef erwachte, tat er, was der Engel des Herrn ihm befohlen hatte, und nahm seine Frau zu sich. Er erkannte sie aber nicht, bis sie ihren Sohn gebar. Und er gab ihm den Namen Jesus" (Mt 1,24f.). Mit der Namensgebung ist Jesus rechtlich sein Kind. Jesus ist eingegliedert in die Reihe der Väter, die von David bis Josef reicht.

Josef wird „gerecht" genannt (Mt 1,18). Nach jüdischer Anschauung war ein „Gerechter" ein Mann, der untadelig das Gesetz befolgte. Gerechtigkeit ist ein bedeutsames Wort in der Sprache der Propheten und Psalmen. Ein Gerechter ist soviel wie ein „Frommer". Zur Gerechtigkeit und Frömmigkeit gehört die Güte im Verhalten gegen andere. Das Wort kommt bei Matthäus an wichtigen Stellen seines Evangeliums vor (vgl. Mt 5,6: „Selig, die hungern und dürsten nach der Gerechtigkeit").

Die Bezeichnung „gerecht" bezieht sich auf Josefs Verhalten gegenüber Maria. Dadurch, daß er beschließt, seine Verlobte nicht bloßzustellen, sondern „sich in aller Stille von ihr zu trennen", hält er sich an das Gesetz (Tora). Aber er legt die Tora barmherzig aus.

Ein Gerechter ist im biblischen Verständnis einer, der sein Leben ganz nach dem Willen Gottes ausrichtet. Wir sprechen heute von einem Heiligen. Die Bibel bezeichnet einzig Gott heilig.

Im Buch Genesis (18,20-33) wird uns ein Gespräch zwischen Gott und Abraham überliefert, wonach Gott der Gerechten wegen Sodom nicht vernichten will: „Ich will nicht vernichten um der Zehn willen" (Gen 18, 32).

Nach biblisch-jüdischer Vorstellung haben wir es allein den wenigen Gerechten zu verdanken, daß unsere Welt überhaupt noch besteht. Es gibt einen jüdischen Spruch, „daß jeden Tag sich ein Gerechter aufmachen muß, damit die Welt sich weiter drehen kann."

Im Lebenslauf des heiligen Josef sind seine Wege auch Jesu Wege. Das beginnt, wenn wir dem Evangelium nach Lukas folgen, vor der Geburt Jesu. Kaiser Augustus erließ den Befehl zur Eintragung in die Steuerlisten. „So zog ... Josef von der Stadt Nazareth in Galiläa hinauf nach Judäa in die Stadt Davids, die Betlehem heißt ... Er wollte sich eintragen lassen mit Maria, seiner Verlobten, die ein Kind erwartete" (Lk 2,4f.).

Der letzte gemeinsame Weg, von dem das Evangelium berichtet, ist die Wallfahrt der Eltern Jesu mit dem Zwölfjährigen zum Paschafest nach Jerusalem (Lk 2,41-52).

Josef geht die Wege Jesu mit:

den Weg von Nazareth nach Betlehem (Lk 2,1-20);

den Weg durch die Straßen von Betlehem bei der Herbergssuche (Lk 2,7);

den Weg nach Jerusalem zu der „vom Gesetz des Mose vorgeschriebenen Reinigung" (Lk 2,22-40);

den Weg der Flucht nach Ägypten (Mt 2,13-15);

den Weg zurück aus Ägypten nach Nazareth (Mt 2,19-23)

und den Weg zum Paschafest nach Jerusalem (Lk 2,41-52).

Es ist nicht viel, was das Neue Testament über Josef berichtet. Sein Name taucht nur in den Evangelien nach Matthäus, Lukas und Johannes auf. Wir erfahren nicht, wie alt er geworden ist. Aus der Tatsache, daß er unter dem Kreuz fehlt und Jesus seine Mutter Johannes anvertraut (Joh 19,26f.), wird angenommen, daß er früher gestorben ist. Auch über seine unmittelbare Herkunft gibt es keine Nachrichten. Im Stammbaum bei Matthäus heißt es: „Jakob war der Vater von Josef" (Mt 1,16). Bei Lukas wird gesagt: „Die Vorfahren Josefs waren Eli ..." (Lk 3,24). Die Evangelisten haben keine Ahnenforschung betrieben, sondern verkünden die Heilsbedeutung Jesu als Messias und Gottes Sohn. Eher beiläufig erfahren wir den Beruf des Josef: „Ist das nicht der Sohn des Zimmermanns?" fragen die Leute von Nazareth, als Jesus dort in der Synagoge lehrte (Mt 13,55).

Was uns die Evangelisten berichten, ist die Bedeutung Josefs für die Menschwerdung Jesu und seine Nachfolge Jesu. So tritt er nie allein auf. Er gehört dazu, wenn von der Geburt Jesu gesprochen und aus der Kindheit Jesu berichtet wird. Solange Jesus einen Pflegevater braucht, hören wir von Josef. Und so wie sein öffentliches Leben beginnt, tritt die Gestalt des Josef ganz in den Hintergrund.

Im Bericht über die Geburt Jesu bei Lukas wird gesagt, „die Hirten fanden Maria und Josef und das Kind, das in der Krippe lag" (2,16).

Nur viermal wird Josef außerhalb der Kindheitsgeschichte Jesu im Evangelium erwähnt: im Zusammenhang mit der Taufe Jesu nennt Lukas den Stammbaum Jesu (Lk 3,23); bei einem Besuch in der Synagoge wird Jesus „Sohn Josefs" genannt (Lk 4, 22); im Bericht über die ersten Jünger Jesu sagt Philippus: „Wir haben gefunden, über den Mose im Gesetz und auch die Propheten geschrieben haben: Jesus aus Nazareth, den Sohn Josefs" (Joh 1,45); bei der Rede Jesu in der Synagoge von Karphanaum sagten die Zuhörer: „Ist das nicht Jesus, der Sohn Josefs, dessen Vater und Mutter wir kennen?" (Joh 6,42).

Josef steht in der Reihe der Patriarchen. In der Klosterkirche der Katharinen-Schwestern in Münster/ Westfalen hat der Künstler den heiligen Josef als letzten in der Reihe der Patriarchen dargestellt. Papst Johannes Paul II. sagt von ihm: „Der gerechte Mann, der das ganze Erbe des Alten Bundes in sich trug …"

Er ist der höchste der Patriarchen, weil in ihm alle Verheißungen sich vereinen und in Erfüllung gehen. Für Josef gilt, was Elie Wiesel über die Propheten

sagt: „Ein Prophet ist stets wach; er ist nie gleichgültig ... Als der Bote Gottes bei den Menschen, wird er auch ihr Bote bei Gott ... Schlafend hört er Stimmen und folgt Visionen; seine Träume gehören nicht ihm."
Es gibt keine Biographie des heiligen Josef, aber eine Lebensbeschreibung im Sinne der alten „Vita".

Die alte Vita erzählt nicht das Leben eines großen Menschen, sondern sie ist ein Lob Gottes und der Großtaten Gottes, die er durch einen Menschen wirkt, ein Lebenslauf eigener Art. Sie erzählt ein Leben, um die Größe und Herrlichkeit Gottes zu verkünden. Ihre Blickrichtung geht vom Himmel zur Erde, nicht umgekehrt (Ida Friederike Görres). Die Vita ist ein „Magnificat" für Gottes „wunderbares Tun an den Menschen" (Ps 107).

# Die Träume des heiligen Josef

In der Kindheitsgeschichte des Matthäusevangeliums spielt Josef eine Hauptrolle, während er im Lukasevangelium nur einige Male genannt wird.

„Der Engel des Herrn erschien dem Josef im Traum." Dreimal berichtet das Evangelium, daß ein Engel im Traum Josef eine Botschaft brachte. Nimmt man Mt 2,22 als einen eigenen Traum, sind es vier Träume. Es sind Aufforderungen zum Handeln.

Ein Wort aus dem Buch der Weisheit (18,14), das in der Liturgie der Weihnachtszeit seinen Platz hat, können wir schon vorwegnehmen. „Als tiefes Schweigen das All umfing und die Nacht bis zur Mitte gelangt war", da wird Josef die Botschaft von der Menschwerdung Gottes kundgetan. Im Schweigen der Nacht gewinnt er Gewißheit. Josef hört mit dem Herzen: „Ich schlief, doch es wachte mein Herz" (Hld 5,2).

Die Engelerscheinung wird nicht beschrieben. Es fällt alles Gewicht auf die Botschaft. Im Traum werden durch den Engel alle Bedenken ausgeräumt, und Josef gewinnt die Gewißheit, daß das Kind im Schoß Marias vom Heiligen Geist gezeugt ist (Mt 1,18-25). Eine einzige Tatsache wird ihm zur Erklärung genannt: das Wirken des Heiligen Geistes.

Wenige Monate vorher war dem Zacharias ein Engel des Herrn erschienen, um anzukündigen, daß seine Frau einen Sohn gebären würde. Zacharias erfährt im Tempel beim priesterlichen Dienst die Botschaft des Engels. Er steht Gott wachend zugewandt. Die „Zumutung" ist nicht von der Art, wie sie Josef erfährt. Zacharias aber zweifelt (Lk 1,5-22).

Von Josef heißt es: „Als Josef erwachte, tat er, was der Engel des Herrn ihm befohlen hatte, und nahm seine Frau zu sich" (Mt 1,24). Josef glaubt in voller

Zuwendung seines Herzens dieser Botschaft, die menschliches Denken übersteigt. Licht von Gott her ist auf seinen Weg gefallen. Josef tut, was ihm aufgetragen ist. In diesem Traum wird ihm auch seine eigene Rolle und Bestimmung mitgeteilt. Er soll die Stelle des Vaters übernehmen. Darum soll er dem Kind den Namen geben. „Und so wird Josef selbst in die große, öffentliche und amtliche Heilsgeschichte hineingenommen. Er ist der Bewahrer und Hüter des Sohnes Gottes" (Karl Rahner).

Inhalt der weiteren Träume sind Befehle, die Wege Jesu mitzugehen:

„Steh auf und flieh nach Ägypten" (Mt 2,13);

„Kehre zurück in das Land Israel" (Mt 2,20);

„Nimm Wohnung im Gebiet von Galiläa" (Mt 2,22).

In seinem Buch „Der Traum als Gottes vergessene Sprache" schreibt Helmut Hark: „Für Matthäus und seinen Leserkreis ist die Kindheitsgeschichte Jesu nicht ohne die Träume vorstellbar. Die Träume haben für Matthäus eine wegweisende Funktion. Diesem Leserkreis scheint der Traum noch ein bekanntes und anerkanntes Mittel für die Erscheinung Gottes gewesen zu sein. Unser Evangelist mit dem weltweiten Horizont hat als einziger jene Tiefenschau, die den Traum in den Heilsplan Gottes einbezieht. Diese Schau der Dinge ist keine Erfindung des Matthäus. Vielleicht ist es ein Sich-Vorfinden in der alttestamentlichen Tradition. Besonders Matthäus zitiert häufig in freier Form das Alte Testament, um seinen eigenen Standpunkt in jene Überlieferung einzugliedern" (S. 88).

Wer Matthäus liest, kann den Eindruck gewinnen, daß er und die Menschen seiner Zeit der Ansicht sind, daß für Gottes Stimme im Traum jeder Mensch eine Antenne habe: Die Weisen aus dem Morgenland werden im Traum aufgefordert, nicht zu Herodes zurück-

zukehren (Mt 2,12); in der Apostelgeschichte erhält
der heidnische Hauptmann Cornelius im Traum von
einem Engel die Weisung, sich an Petrus zu wenden
und ihn in sein Haus zu bitten (10,3f.); auch an anderen Stellen der Apostelgeschichte ist von Visionen die
Rede (z. B. 9, 10; 10,9f.) oder von Engelerscheinungen
(8,26; 12,7-10).
So war für Josef der Traum eine Sprache, die er verstand und beachtete. Bei den einfachen und frommen
Menschen in Israel, insbesondere bei den sogenann-
ten Anawim („Selig, die arm sind vor Gott"; Mt 5,3),
wurden die Träume für das persönliche Leben und
den Glauben beachtet. Durch die Verbundenheit mit
dem Alten Testament waren ihnen die überlieferten
Träume eine Richtschnur. Wie der lebendige Gott
einst zu Jakob, Josef, Daniel und anderen gesprochen
hatte, so verstanden die jetzt Lebenden die Träume
als Gottes Fingerzeige.
Im Traum erkennt Josef, daß Gott neue Wirklichkei-
ten schaffen kann, die aber der Mensch aufgreifen
muß, damit sie möglich werden können. Josef war
alles andere als ein Träumer. Er war ein Mann, der
auf Gott zu hören gelernt hatte. Der Traum weckte
ihn zu einem neuen Leben. Er macht die Erfahrung,
daß ein Engel im Traum sein Leben auf-klärt.

Dich allein hab ich vor Augen.
Sogar des Nachts, wenn ich schlafe,
selbst im Unterbewußten
preise ich dich!

*Ernesto Cardenal*

# Bilder aus seinem Leben

Die frühen Darstellungen des heiligen Josef sind Szenen aus der Kindheitsgeschichte. In den apokryphen (außerbiblischen) Schriften der frühen Christenheit und besonders in den apokryphen Kindheitsgeschichten ist das Leben Josefs phantasievoll ausgemalt worden. Viele bildliche Darstellungen haben ihre Motive aus den Apokryphen entlehnt. Wenn auch diese Erzählungen keine historische Bedeutung haben und im Gottesdienst keine Verwendung finden, so haben sie die christliche Kunst und Frömmigkeit doch nachhaltig beeinflußt.

Im Zusammenhang mit der Botschaft des Engels an Josef (Mt 1,20f.) entstehen früh Darstellungen, die „Josefszweifel" genannt werden.

Von der Flucht nach Ägypten und der Rückkehr erzählt Matthäus in wenigen Versen (2,13-15; 2,19-23). In den Apokryphen werden die Flucht und der Aufenthalt in Ägypten bildreich ausgemalt. Es werden eine Reihe Wunder aus dieser Zeit berichtet, wie z. B. die Kornfeldlegende: Auf der Flucht nach Ägypten schützt eine über Nacht aufwachsende Saat die Heilige Familie. Die Verfolger, die Herodes auf den Weg geschickt hatte, kehren an einem Kornfeld um, nachdem die Bauern sagen, die Heilige Familie sei zur Zeit der Aussaat an diesem Ort vorbeigezogen.

Ein beliebtes Motiv ist „Die Ruhe auf der Flucht", andere Bilder erzählen über den Aufenthalt in Ägypten.

Eine apokryphe „Geschichte des Josefs des Zimmermanns", die vorgibt, auf Jesus zurückzugehen – sie stammt aus dem 4./5. Jahrhundert –, erzählt Einzelheiten über den Tod Josefs. Er stirbt in den Armen von Maria und Jesus im Alter von 111 Jahren. Er wird in Nazareth begraben. Jesus beauftragt die Erzengel

Gabriel und Michael, die Seele Josefs direkt zu Gott zu bringen. Diese Erzählung hat eine große Wirkung gehabt; auf vielen Bildern wird der Tod Josefs dargestellt.

In der Kunst des hohen Mittelalters tritt die Gestalt des Patriarchen Josef in historischen Szenen immer mehr hervor.

Mit der heiligen Teresa von Avila († 1582) hat die neuzeitliche Verehrung des heiligen Josef angefangen. Sie empfiehlt ihn als mächtigen Fürbitter und fördert seine Verehrung auch in ihrem Orden.

Schon Bernhard von Clairvaux († 1153), Bernhardin von Siena († 1444) und Ignatius von Loyola († 1556) förderten seine Verehrung, was sich in der bildenden Kunst niederschlägt.

Die Einzeldarstellungen gewinnen mit der Förderung des Josefskultes durch die heilige Teresa in Spanien einen plötzlichen Aufschwung. Es entstehen Andachtsbilder des heiligen Josef mit dem Jesuskind auf den Knien oder an der Hand.

Bekannt sind die Bilder, die Josef mit einer Lilie in der Hand zeigen. Die Lilie als Zeichen seiner Jungfräulichkeit weist bei Darstellungen mit dem Jesuskind auf Josef als „Nährvater" Jesu hin. Sie erinnert an den blühenden Stab, der das Zeichen der Auserwählung Josefs zum Bräutigam Marias war (beschrieben im Protoevangelium des Jakobus, einer apokryphen Schrift). Dieser Stab ist zum Beispiel auf einem Bild Giottos zur Lilie erblüht.

Der spanische Maler Bartolomé Murillo (1618 bis 1682) hat rund zwanzigmal den heiligen Josef gemalt.

Im Dom zu Münster ist die Josefsstatue von Johannes Mauritz Gröninger († 1675) ein Beispiel für Andachtsbilder aus der Barockzeit.

Im 19. Jahrhundert sind in vielen Kirchen Josefsaltäre und Josefsstatuen aufgestellt worden. In der Regel sind es Einzeldarstellungen des heiligen Josef, oder sie zeigen den Heiligen mit dem Jesuskind.

Auch in jüngster Zeit sind Josefsdarstellungen entstanden, die ein rechtes Bild von ihm vermitteln möchten und seine Bedeutung für die Kirche und für den einzelnen Christen hervorheben.

## hören und staunen

Autun ist heute eine kleine Bischofsstadt in Burgund, deren Mittelpunkt die Kathedrale Saint Lazare bildet. Der Dom gilt als das kraftvollste Bauwerk romanischer Architektur und Plastik in Burgund und wurde 1130 durch Papst Innozenz II. konsekriert.
Das Bild des heiligen Josef befindet sich auf der Rückseite der Darstellung der Anbetung Jesu durch die Magier.

Aufmerksam und fast ein wenig versteckt sitzt Josef da. Seine Augen scheinen sich in der Ferne zu verlieren. Aber er ist ganz da. Staunen und Verwundern sprechen aus seinem Blick. Es ist ein Bild, das auch zur Geburtsszene paßt. Josef sieht und hört mit dem Herzen.
Drutmar Cremer fängt diese Haltung treffend ein, wenn er zu dieser Darstellung schreibt: „Manche Menschen bewegen die Welt. Andere halten in der bewegten Welt ihre Stelle, durch ihr Horchen, Verwundern, Dasein. Mögen Welten zerfallen. Sie bleiben und halten die Stelle, ihre Stelle".
In seinem Buch „Die Achtsamkeit des Herzens" formuliert David Steindl-Rast, ein Benediktiner: „Mit dem Herzen horchen, das ist der innerste Zugang zum Wort Gottes. Herz bedeutet das Zentrum unseres Wesens, in dem wir wahrhaftig eins sind ... Hier sind wir auch vereint mit Gott, der Quelle des Lebens, welche im Herzen entspringt. Um mit dem Herzen zu horchen, müssen wir immer wieder zu unserem Herzen zurückkehren, indem wir uns die Dinge zu Herzen nehmen. Wenn wir mit dem Herzen horchen, werden wir Sinn finden, denn so wie das Auge Licht wahrnimmt und das Ohr Geräusche, ist das Herz das Organ für Sinn.

Die Disziplin des täglichen Horchens und Antwortens auf den Sinn wird Gehorsam genannt. Dieser Begriff von Gehorsam ist viel umfassender als die beschränkte Vorstellung von Gehorsam als Tun-was-einem-gesagt-wird.

Die Bibel nennt das Horchen und Antworten des Gehorsams ‚vom Wort Gottes leben‘, und das bedeutet viel mehr, als nur Gottes Willen tun. Es bedeutet, sich vom Wort Gottes zu nähren wie von Speise und Trank ..." (S. 14–16).

Völlig im Anschauen versunken,
sind wir plötzlich die Angeschauten.

Ein Ohr, das auf die Weisheit hört,
macht Freude.

*Sir 3,29*

## dasein und mitgehen

Die Geburtsszene stammt aus dem Clarenaltar des
Kölner Domes, der heute im nördlichen Seitenschiff,
unmittelbar am Querhaus aufgestellt ist. Ursprünglich gehörte dieser Altar in das Franziskanerinnen-
kloster St. Clara am Römerturm in Köln. Die Kirche
wurde 1807 abgerissen. Der große Flügelaltar (6,10 m
Gesamtbreite) zeigt in geschlossenem Zustand zwölf
franziskanische Heilige. Die erste Tafel zeigt 24 Szenen aus dem Leben Jesu. Unten ist die Kindheitsgeschichte dargestellt, oben die Leidensgeschichte, die
Auferstehung und Himmelfahrt. Die Tafelbilder entstanden um 1350. Sie wurden um 1400 übermalt,
wobei die Themen beibehalten wurden. Die Urfas-
sung wurde 1909 wieder freigelegt. Der Clarenaltar
ist zugleich Reliquienschrein. Die Geburtsszene befindet sich auf der linken Seite des Innenflügels.

In diesem Bild konzentriert sich alles auf das Jesuskind: Maria, Josef, Ochs und Esel. Maria und Josef
knien einander gegenüber mit betend erhobenen Händen. Das Jesuskind steht nicht nur im Mittelpunkt, es
handelt auch und neigt sich aus seiner hohen Krippe
wie liebkosend der Mutter zu. Augen und Hand sind
Maria zugewandt. Nicht das Kind erfährt Zuwendung – wie man es erwarten müßte –, sondern die
Mutter. In dieser Geburtsszene wird schon deutlich,
was die Menschwerdung greifbar machen will: die
Zuwendung Gottes zum Menschen.
Maria, aber auch Josef, stehen für alle Menschen.
Josef ist auf diesem Bild eine überaus edle Gestalt,
ein Mann in höheren Jahren mit einem langen Bart,
die feingeformten Hände betend auf das Jesuskind
gerichtet. Josef steht nicht mehr abseits wie auf
früheren Weihnachtsdarstellungen, er ist hervorgeho-

ben und einbezogen, aber anders als Maria. Man kann ihm das Wort Johannes des Täufers in den Mund legen, als dieser seinem Jünger seine Rolle erklärt: „… der Freund des Bräutigams, der dabeisteht und ihn hört, freut sich über die Stimme des Bräutigams. Diese Freude ist nun für mich Wirklichkeit geworden" (Joh 3,29).

Der Blick Josefs zeigt freudige Verwunderung, so wie er durch die Jahrhunderte dargestellt worden ist.

Auf diesem Bild gibt das Neugeborene den Ton an. Durch Jesus kommt Licht in die Welt, und Josef nimmt es staunend wahr. Seine Berufung ist es, dabeizusein und Jesu Wege mitzugehen; darin findet er seine Aufgabe und erfüllt sich sein Leben. Josef sieht immer nur bis zum nächsten Auftrag. Er setzt nie nur einen Teil seiner Kraft oder seiner Zeit ein, er ist immer ganz gefordert. Er braucht tiefe Einsicht und große Gelassenheit, um Verheißung und Wirklichkeit zusammenzuhalten. Die Darstellung des heiligen Josef läßt ahnen, wie sehr er mit dem Herzen betrachten kann, was er mit den Augen schaut.

Das Ewig Licht geht da herein,
gibt der Welt ein' neuen Schein.
Es leucht' wohl mitten in der Nacht,
hat uns zu Lichtes Kindern macht.
Kyrieleis.

Das hat er alles uns getan,
sein' groß' Lieb' zu zeigen an.
Des freu sich alle Christenheit
und dank ihm des in Ewigkeit.
Kyrieleis.

*Martin Luther*

## halten und loslassen

Bischof Bernward von Hildesheim (960–1022) gilt als
großer Künstler. Er schuf u. a. die imposanten Türen
am Dom und die Christussäule im Inneren. Die beiden Flügel mit insgesamt 16 Darstellungen sind fast
5 Meter hoch; ein Türflügel wiegt etwa 40 Zentner. Es
sind die ersten Türen aus Erz, die mit Reliefs ge-
schmückt sind und 1015 in einem Stück gegossen
wurden. Ursprünglich für die Kirche St. Michael bestimmt, fanden sie um 1032 ihren Platz am Dom.
Die Szene mit dem heiligen Josef ist ein Ausschnitt
aus der „Darstellung Christi im Tempel" auf dem
rechten Türflügel. Josef ist auf der äußersten rechten
Seite der Szene zu sehen. Durch seinen Blick und die
ausgestreckten Arme weist er den Beschauer von sich
fort auf die in der Mitte dargestellte Hauptszene. Im
Unterschied zum biblischen Bericht hat er nur eine
Taube in seinen Händen.
Aus seiner Haltung sprechen Anbetung und Hingabe.
Er hält und läßt los – seine Lebenseinstellung. Er
steht im Tempel vor Gott: „Meine Stärke und mein
Lied ist der Herr" (Ps 118,14). Tempel und Psalmen
gehören zusammen. Verse aus Psalm 40,7-10 haben
hier einen Platz – Josef in den Mund gelegt:

> „An Schlacht- und Speiseopfern
> hast du kein Gefallen,
> Brand- und Sündopfer forderst du nicht.
> Doch das Gehör hast du mir eingepflanzt;
> darum sage ich: Ja, ich komme.
> Deinen Willen zu tun, mein Gott,
> macht mir Freude,
> deine Weisung trag' ich im Herzen."

Josef hört mit dem Herzen.

Seine Wege sind die Wege, die das Kind Jesus gehen muß. Mit Maria bringt er Jesus nach Jerusalem hinauf, „um ihn dem Herrn zu weihen" (Lk 2,22).

Vom greisen Simeon hört er über das Kind: „... ein Licht, das die Heiden erleuchtet, und Herrlichkeit für dein Volk Israel" (Lk 2,32).

Staunen befällt ihn. Josef – Zeuge der Menschwerdung und der Gottesoffenbarung. Er trägt nicht nur die Taube als Gabe, er hält Jesus in den Händen. Wie er das tut, ist auch an diesem Bild abzulesen, dessen Botschaft lautet:

Sei deiner Tiefe treu!
Lauf nicht fort von dir!

Bleib bei dir in allen Zeiten.
Sei ganz du, und sei es gern!

Hilf dir selbst!
Geh zu dir nach Hause.
Warte und horche!

Sammle dich!
Zerstreu dich nicht!

Sei deiner Tiefe treu!
So wird sich Gott
in dir halten können.

*Martin Gutl*

## aufbrechen und vorangehen

An dem Portal von San Zeno in Verona sind auf den
beiden Türflügeln achtundvierzig Bronzeplatten auf
einen Holzkern genagelt. Die Türen sind fast fünf
Meter hoch. Jede der nahezu quadratischen Bronzeplatten mißt etwas mehr als einen halben Meter.
Unser Bild ist oben auf dem linken Flügel.
„Die Körper sind nicht vom Gesetz schöner, eleganter
Formen bestimmt, sondern vom Geist realer Aussagen.
In seiner geistigen Orientierungslosigkeit und Unsi-
cherheit bedarf der Mensch mehr denn je der Begeg-
nung und Geborgenheit. Die Bilder dieses romani-
schen Portals, in dem so viele moderne Untertöne
anklingen, bieten dem heutigen Menschen den Schutz
und Trost des Ewigen, nicht im Sinne einer Jenseits-
vertröstung, sondern einer Bewältigung der Gegenwart." Diese Aussage von Drutmar Cremer paßt in
besonderer Weise zu dem Bild von der Flucht nach
Ägypten.
Josef sieht aus wie ein Bauer, der mit eigener Hand
den Pflug zieht. Seine Gestalt auf unserem Bild hat
eine gewisse Ähnlichkeit mit dem pflügenden Adam
an anderer Stelle der Tür. Die Gestalt des Josef ist
losgelöst von Maria und dem Kind. Er schaut nach
vorne. Er bereitet den Weg. Ein Vorläufer. Er schreitet mit großem Schritt nach vorne. Die rechte Hand
faßt den Zügel des Esels, die linke stößt den Stab
voran. Sein Rücken ist stark gebeugt. Der Weg fordert alle Kraft. Härte umspielt den Mund. Die Augen
schauen auf den Weg.
Was mag er denken?
Warum nur diese Flucht?
Wo wird dieser Weg enden?
Der Engel hatte doch zu Maria über ihren Sohn gesagt: „Er wird groß und Sohn des Höchsten genannt

werden. Gott, der Herr, wird ihm den Thron seines Vaters David geben. Er wird über das Haus Jakobs in Ewigkeit herrschen, und seine Herrschaft wird kein Ende haben" (Lk 1,32). Und zu ihm selbst hatte der Engel im Traum gesprochen: „Sie (Maria) wird einen Sohn gebären; ihm sollst du den Namen Jesus geben; denn er wird sein Volk von seinen Sünden erlösen" (Mt 1,21).

Und jetzt dieser Weg!

Es ist aber nicht das Bild eines Grüblers. Es zeigt uns Josef, der bis zum Äußersten herausgefordert wird. Ihm ergeht es wie Abraham: „Ziehe aus deinem Land und vom Haus deines Vaters in das Land, das ich dir zeigen werde" (Gen 12,1). Josef geht den Weg Jesu mit. Vielleicht hat er auch an das Wort des Propheten Jesaja gedacht: „Ich will auf den Herrn warten, der jetzt sein Angesicht vor dem Haus Jakob verhüllt, auf ihn will ich hoffen" (Jes 8,17).

Zur Geschichte des Volkes Israel gehören lange Wege in fremde Länder hinein. Zum Weg des Josef gehört das Dunkel der Unbegreiflichkeit Gottes.

Die Geschichte Jesu beginnt mit einer Scheidung der Geister. Die Bewohner von Betlehem geben ihm keine Herberge. Die Hirten kommen und beten ihn an. Die Weisen aus dem Morgenland suchen und finden ihn. Sie bringen ihre Gaben. Herodes verfolgt ihn und läßt alle Neugeborenen töten. So gehört die Flucht nach Ägypten zu den Wegen Jesu.

Josef ist wach für die leise Stimme Gottes. Er horcht und gehorcht. So steht er auf und flieht.

Nach Alfred Delp ist Josef „der Mann am Rande, im Schatten. Der Mann der schweigenden Hilfestellung und Hilfeleistung. Der Mann, in dessen Leben Gott dauernd eingreift mit neuen Weisungen und Sendungen. Die eigenen Pläne werden stillschweigend überholt. Immer neue Weisung und neue Sendung, neuer

Aufbruch und neue Ausfahrt" (Alfred Delp, Gesammelte Schriften IV. Frankfurt 1984, S. 200).

Gottes Wort an Abraham gilt auch für Josef:
„Fürchte dich nicht, ich bin dein Schild."

*Gen 15,1*

Du hast mein Herz mit deinem Wort getroffen,
da liebte ich dich.

*Augustinus*

## Nichts ist schwer, sind wir nur leicht.

Dieses Wort von Richard Dehmel paßt zu der Josefsdarstellung aus Kalkar. Für die dortige Nikolaikirche
schuf Heinrich Douvermann den Altar der Sieben
Schmerzen Mariens (1522), der heute als das bekann-
teste Kunstwerk in der Nikolaikirche gilt. Der mäch-
tige Flügelaltar ist über sieben Meter hoch.
Die Flucht nach Ägypten wurde in drei Schichten in
die Tiefe gestaffelt. Im Vordergrund schreitet Josef
mit geschultertem Mantelsack weit aus. Zwei Wege-
lagerer verfolgen ihn. Sie schleichen aus einem Hin-
terhalt heran. In der Mitte steht eine Bildsäule mit
herabstürzenden Götterbildern. In der zweiten Raum-
zone steht eine Dattelpalme. Sie neigt ihre Krone, um
den Vorbeiziehenden ihre Früchte darzureichen. Hinter der Dattelpalme sieht man endlich Maria und das
Jesuskind auf einem Esel.
Josef schreitet voran – den Blick zurück. Zwei Räu-
ber nähern sich. Er nimmt die Gefahr wahr, aber er
bleibt auf seinem Weg. Sein Gesicht zeigt kein Er-
schrecken, eher ein verwundertes Hinschauen. Der
Mund ist leicht geöffnet. Vielleicht hat er ein Psalm-
wort auf den Lippen:
„Und müßte ich gehen in dunkler Schlucht,
ich fürchte kein Unheil: du bist bei mir.
Dein Stock und dein Stab,
sie geben mir Zuversicht" (Ps 23,4).
Der Psalm 23 bewegt sich zwischen Sehnsucht und
Wirklichkeit. Aus ihm spricht Glaubenserfahrung, und
er weckt neues Vertrauen. Die Psalmverse können die
Stimmung Josefs wiedergeben. Das „leise" Wort Gottes bewegt Josef immer wieder zum Handeln und hält
ihn auf seinem Weg. Er trägt nur den Mantelsack bei
sich, geht mit leichtem Gepäck. Das ist ein Kennzeichen für ihn.

Es kann uns die Anweisung Jesu an die 72 Jünger in den Sinn kommen: „Geht, ich sende euch wie Schafe mitten unter die Wölfe. Nehmt keinen Geldbeutel mit, keine Vorratstasche und keine Schuhe" (Lk 10,3f.).

Das Bild vermittelt etwas von der Lebenserfahrung des Wortes: „Nichts ist schwer, sind wir nur leicht."

Josef kennt den Auftrag, geht seinen Weg. Er nimmt es nicht leicht, aber er weiß sich getragen. Er ist frei von innen her. Mit der Linken stützt er sich auf seinen Stab. Doch auch der Stab ist mit in die Vorwärtsbewegung hineingenommen.

Alles ist leicht an ihm: gelöst, gelassen, durchlässig, vertrauend! Ein Gehaltensein von innen her, aus einer Mitte, die wir nicht gemacht haben, sondern die als Geschenk in uns gelegt ist, die wir nur zulassen können.

Papst Johannes XXIII. schreibt es so: „Alles wird leicht, wenn wir uns ganz von uns selber trennen. Wenn wir uns ganz lassen, loslassen in den hinein, der uns ganz trägt und bejaht. Wenn wir unseren Schwerpunkt in Gott haben."

„Wie eine göttliche Wolke hörst du
die einzig Heilige,
die in ihrem Schoß die Sonne birgt,
aus der Stadt Davids nach Ägypten geführt,
um dessen Dunkel der Götzentorheit zu lichten,
o Josef, du Diener des über allen Begriff
erhabenen Geheimnisses."

*Aus dem Offizium der griechischen Kirche*

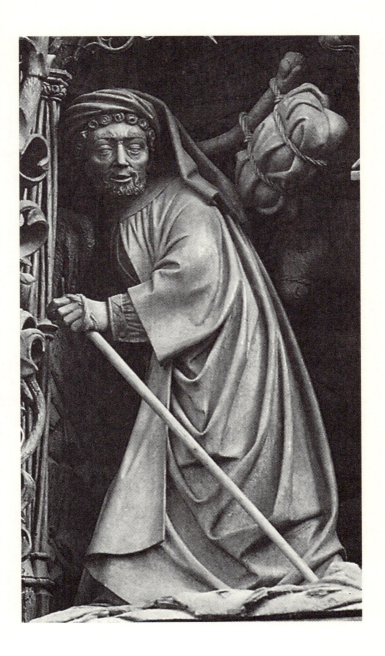

## Jesus an der Hand Josefs

Ein Josefsbild aus dem Xantener Dom. Das Bild, das Jesus an der Hand des heiligen Josef zeigt, ist nach aller Wahrscheinlichkeit der Seitenflügel eines ehemaligen Retabels des Agathaaltares aus der Zeit um 1500. Die Bilder hängen heute an der nordwestlichen Wand des Domes gegenüber dem Barbaraaltar.

Ein Familienbild im Goldrahmen? Josef mit Holzpantinen, gestützt auf einen Stock, hält Jesus an seiner Hand. Der Jesusknabe im langen Gewand ohne Schuhwerk hat ein Steckenpferd zwischen den Beinen. Jesus wirklich ein Kind.

Die beiden stehen vor einem rotfarbenen Vorhang. Beide tragen den Nimbus (Heiligenschein).

Josef handelt, wie ihm aufgetragen ist. Er hat die Vaterstelle übernommen. Das Verhältnis des Sohnes zum Vater war durch das Gesetz festgelegt. Nach der Volljährigkeit (13 Jahre) galt die Ehrfurcht vor allem gegenüber dem Vater weiter. So hat der jüdische Vater besondere Bedeutung für die religiöse Erziehung seines Sohnes. Josef hält den Sohn an seiner Hand.

An der Hand Josefs lernt Jesus beten.

Der junge Jesus lernt beten, so wie auch heute Kinder einfach mitbeten, wenn es in der Familie geübt wird. Der fromme Jude betete das „Höre, Israel" morgens und abends. Und die Kinder, vor allem die Jungen, hörten es und beteten bald mit. Es sind Worte aus der Heiligen Schrift, die von Preisungen begleitet werden. So wird dieses Gebet zu den frühesten Gebeten Jesu gehört haben. Er wird dieses und andere bald auswendig gekonnt haben. Josef hat die Psalmen gebetet, und Jesus hat sie von ihm gelernt. Ein Kind will mitfühlen und mitleben. Jesus macht, wie alle Menschen, grundlegende Menschen- und Gotteserfahrungen im Elternhaus.

An der Hand Josefs wird Jesus in die Tora eingeführt. Im Matthäusevangelium heißt es von Josef, daß er „gerecht" war. Dieser kurze Hinweis und sein Verhalten Maria gegenüber reihen ihn in der Sicht der Evangelisten in die Zahl der tora-frommen Juden ein, die nach den Weisungen und Geboten Gottes ihr Leben gestalten. Josef legte die Tora barmherzig aus. Er will seine Verlobte Maria „heimlich entlassen". Er verhält sich gesetzestreu, entscheidet sich aber für den unauffälligen, barmherzigen Weg. Jesus lernt die Weisungen Gottes im Leben einer Familie. Und wieder ist es der Vater, der in besonderer Weise das religiöse Denken und Empfinden des Sohnes prägte. Die Art und Weise, wie Josef die Menschen, die Schöpfung und Gott sah, aber auch seine Einstellung zum Gesetz, wird den jungen Jesus geprägt haben.

An der Hand Josefs beginnt Jesus „Abba" zu sagen.

Jesus hat Gott „Abba" genannt und damit seiner besonderen und innigen Gottesbeziehung Ausdruck gegeben. Mit „Abba" wurde in der jüdischen Familie der Vater angesprochen. So wird Jesus zuerst Josef „Abba" genannt haben, ehe er im Beten und Sprechen diesen Namen für Gott gebrauchte. Zur Zeit Jesu bedeutete der „Abba" für einen Sohn Autorität. Der Vater ist die Autorität und der Lehrer. Ein Wort aus der Weisheitsliteratur bringt das in Erinnerung: „Hört, ihr Söhne, was das Recht des Vaters ist und handelt danach, damit es euch gut geht. Denn der Herr hat den Kindern befohlen, ihren Vater zu ehren" (Sir 3,1f.). Vielleicht war Josef auch der erste, der Jesus „Abba" beten gelehrt hat.

Jesus nennt Gott „Abba", und darin ist die innige und liebende Verbindung ausgesprochen. Darin klingt an, was in einem Wort des Propheten Hosea Gott über sein Verhältnis zu Israel gesagt hat: „Als Israel jung war, gewann ich ihn lieb, ich rief meinen

Sohn aus Ägypten ... Mit menschlichen Fesseln zog ich sie an mich ... Ich war für sie wie die (Eltern), die den Säugling an ihre Wangen heben" (11,1.4).

Die „Momentaufnahme", die Josef mit Jesus zeigt, ist mehr als eine Familienidylle. Sie erzählt von der Herzlichkeit des Miteinanders, das im Leben eines Kindes notwendig ist, damit der Glaube Herzenssache werden kann.

„Wenn ihr betet, sagt: Vater!"

*Lk 11,2*

## Josef – Mann der Tat

Im Düsseldorfer Stadtteil Oberbilk steht vor der Josefskirche ein „Josefs-Monument", das der Düsseldorfer Künstler Bert Gerresheim geschaffen hat. Die Einweihung war am 1. Mai 1990 am Fest des heiligen Josef, des Patrons der Arbeiter. Zum Standort schrieb mir Bert Gerresheim: „... hier in Oberbilk sehen wir Josef weniger als visionären Mann, denn als Mann der Tat – das ist aber ein Reflex auf die Struktur dieser Gemeinde, in der die meisten Ausländer, insbesondere Türken, und in der die meisten Arbeitslosen Düsseldorfs leben und die Vergangenheit des Viertels von der Frühindustrie geprägt war – ein allmählich sich wandelndes Arbeiterviertel."

Die Josefsplastik hat einen kreisförmigen Grundriß, einen Durchmesser von 3,50 Metern und erreicht eine Höhe von über 2 Metern.

Die Josefsplastik auf dem Vorplatz der Kirche steht am Schnittpunkt zweier Straßen. Sie verbindet so die Kirche mit der Welt. Die Kirche „geht aus sich heraus". Der heilige Josef steht nicht auf einem Sockel, sondern mit beiden Füßen auf dem Boden; dieser wird von fünf bronzenen Platten gebildet, die um die Figuren herum angeordnet sind. Sie erzählen die Geschichte von der aufkommenden Industrialisierung an bis in unsere Zeit – so wie diese Jahre in Oberbilk erlebt wurden. Josef wird zum „bodenständigen" Heiligen. Das ist auch die Idee, die hinter der Statuengruppe steht. Es sind sechs große Gestalten, eng mit der Geschichte des Stadtteils verbunden. Sie machen deutlich, daß der heilige Josef, über seine geschichtliche Bestimmung bei der Menschwerdung hinaus, eine zeitlose Bedeutung behält. So bekommt Josef verschiedene Gesichter. Die besondere Sendung des heiligen Josef und sein Lebenszeugnis haben ihn

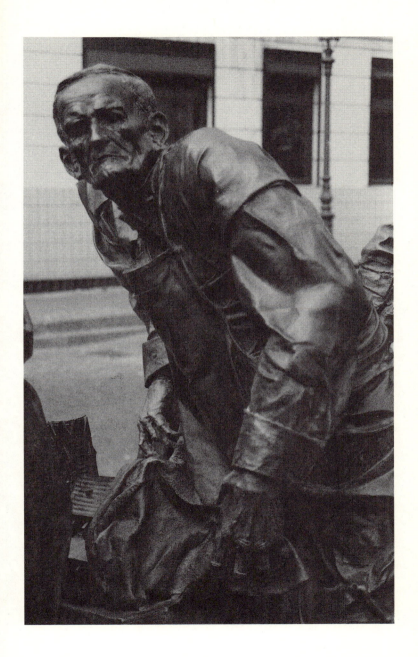

zum Patron in vielfältigen Anliegen gemacht. Er ist Schutzpatron der ganzen Kirche, Patron der Arbeiter, Patron der Flüchtlinge und Heimatsuchenden, Patron der Sterbenden. In den sechs Figuren wird dieses vierfache Patronat dargestellt. Alle Gestalten haben mit dem Leben und der Geschichte dieses Stadtteils zu tun.

Die Mitte der Figurengruppe zeigt den heiligen Josef. Er wird verkörpert durch die Gestalt des 1987 verstorbenen Kölner Kardinals, Erzbischof Josef Höffner. Er breitet vor sich den Plan einer Kirche aus und ist mit einem Kirchenmodell dargestellt, das auf einer Werkbank steht. Sein Kopf ist rückwärts gewendet, sein Blick auf die Josefs-Kirche gerichtet. Zu Lebzeiten war dem heiligen Josef die Familie von Nazareth anvertraut: Wir verehren in ihm den Schutzpatron der Kirche. Darum hält er Plan und Modell der Kirche in seinen Händen.

„Es ist daher für den heiligen Josef angebracht und seiner höchst würdig, daß er, so wie er einst die Familie von Nazaret in allen Belangen heiligmäßig zu schützen gewohnt war, jetzt die Kirche Christi mit seinem himmlischen Beistand beschützt und verteidigt" (Papst Leo XIII.). Es ist derselbe Papst, der knapp zwei Jahre später die erste große Sozialenzyklika (Weltrundschreiben) veröffentlichte. Ihr Thema ist die Arbeiterfrage! Die weiteren drei Patronate werden durch „Assistenzfiguren" vermittelt.

Rücken an Rücken mit dem Heiligen steht die Gestalt eines Arbeiters. Mit Hammer und Zahnrad, Schweißgerät und Gießereimer erinnert er an die Arbeiter aus dem ehemaligen Oberbilker Stahlwerk.

Tiefe Risse ziehen durch den Kopf, der ursprünglich zu einem Kruzifixus gehörte. Dem Patron der Arbeiter sind Gespaltenheit und Zerrissenheit, die Arbeit heute bewirken kann, ins Gesicht geschrieben.

Zu dem wenigen, das wir aus dem Evangelium von Josef wissen, gehört das Wort aus dem Matthäusevangelium über seinen Beruf: „Ist das nicht der Sohn des Zimmermanns?" fragen die Leute von Nazareth, als Jesus in der Synagoge seiner Heimatstadt lehrte.

„Jesus wurde am Jordan für den Sohn des Arbeiters Josef gehalten", so schreibt der Märtyrer und Philosoph Justinus († 167).

„Dank seiner Werkbank, an welcher er sein Handwerk zusammen mit Jesus ausübte, brachte Josef die menschliche Arbeit dem Geheimnis der Erlösung näher" (Papst Johannes Paul II.). Aufgabe der Kirche bleibt es, sich einzusetzen, daß menschliche Arbeit ein Zeichen für die Würde des Menschen bleibt. So ist dieses Josefs-Monument nicht nur ein Denkmal, sondern auch ein Mahnmal.

Rechts neben der Josefsfigur ist eine Ordensfrau zu sehen. Sie beschenkt einen Handwerksgesellen. Es ist die selige Maria Katharina Kasper, Gründerin der Dernbacher Schwestern. Ihre Schwestern haben schon früh in der Josefspfarrei mit der sozialen Arbeit begonnen. Unter den Wanderburschen der damaligen Zeit waren manche, die arbeitslos und verwahrlost auf der Straße lagen. So steht der Handwerker für alle Menschen, die in unserer Zeit ohne Heimat sind und zu uns kommen.

Josef war mit Maria auf Herbergssuche und mit der Heiligen Familie auf der Flucht nach Ägypten; so wird er als Patron der Flüchtlinge und Heimatsuchenden angerufen.

Auf den ersten Blick erscheint es ungewöhnlich, ein Patronat des heiligen Josef durch eine Frau darzustellen. Die Geschichte der Gemeinde gab dazu die Anregung.

Links von der Josefsdarstellung ist ein Priester in Soutane zu sehen. Seine rechte Hand hält einen hinsinkenden Sterbenden, seine linke Hand sucht den Arm des Heiligen. Der heilige Josef als Patron der Sterbenden trägt die Züge des Oberbilker Pastors Johannes Lefahrt, der in den Bombennächten des Zweiten Weltkrieges den Obdachlosen und Sterbenden zur Seite stand. Er wurde selbst 1945 bei einer solchen Hilfeleistung durch eine Granate getötet.

Da die Evangelien von Josef nur im Zusammenhang mit der Kindheitsgeschichte Jesu berichten, ist schon früh in Legenden überliefert worden, er sei in den Armen Jesu gestorben. So wurde er zum Patron der Sterbenden.

Die Josefsfigur in der Mitte und die „Assistenzfiguren" (Arbeiter, Schwester, Pfarrer) um ihn herum bringen die Bedeutung des heiligen Josef anschaulich nahe. Sein Leben und Wirken sind mit drei Worten zu beschreiben: *Er tat es*. Josef, wie ihn uns das Evangelium vermittelt, ist ein Mann der Tat und des Aufbruchs.

Heilsereignisse und die Zeugen des Glaubens müssen nicht nur gehört, sondern auch geschaut werden. So, wie der Eindruck von einem Menschen auch dadurch vermittelt wird, daß er angeschaut und nicht nur (an-) gehört wird, oder ein Portrait nicht durch eine Biographie ersetzt werden kann.

Durch die Verknüpfung der Josefsdarstellung mit zeitgenössischen und interpretierenden Portraits wird Heiligkeit anschaubar und erfahrbar.

Sie fordert uns heraus!

„Was die Heiligen schenken können, ist nicht das Material, sondern die gestaltende Form für das eigene Leben ...", formulierte der Theologe Wolfgang Beinert. Das ist auch der Sinn einer alten chassidischen Erzählung: „Vor dem Ende sprach Rabbi Sussja: In der kommenden Welt wird man mich nicht fragen: Warum bist du nicht Mose gewesen? Man wird mich fragen: Warum bist du nicht Sussja gewesen?"

Aber wenn man auf Mose schaut, kann man innewer-
den, wie man Sussja wird. So erfahren wir im
Umgang mit den Heiligen das Geheimnis unserer
eigenen Berufung.

Ich will dir dienen mit dem Gesicht,
das du mir gegeben hast.

*Theresie von Lisieux*

# Josef in den Mund gelegt –

## *Worte aus der Heiligen Schrift*

Von Josef ist uns kein Wort überliefert. Wenn im Evangelium seine Geschichte erzählt wird, handelt er. Aber es gibt Worte in der Heiligen Schrift, die seinen Glauben und seine Lebenseinstellung wiedergeben, und die wir Josef in den Mund legen können. Sie könnten in seinem Herzen geboren sein. Solche Worte lassen ihn in einem neuen Licht erscheinen. Sie spiegeln wider, daß er von Gott eine Aufgabe bei der Menschwerdung Jesu übertragen bekommen hat. Sein Leben ist ein Stück Heilsgeschichte.

## *Aus dem Buch der Psalmen*

Als frommer Jude kannte und betete Josef die Psalmen. Sie sind das Gebet- und Liederbuch des jüdischen Volkes.
Die Psalmen bedenken Menschen und Dinge, die Welt und den eigenen Lebensweg im Blick des Glaubens. Psalmverse können helfen, das je eigene Dasein mit den Gedanken des Psalmisten zu verbinden und diese schließlich als eigenes Wort zu sagen.
Die Psalmen treffen die Situation des einzelnen, der begreifen lernt, was ihn umgreift. Sie erinnern uns, daß wir unterwegs sind und Gott unsere Wege mitgeht. Die Psalmen sind das Reisegebet des Menschen, der Gott sucht. Sie haben auch den Glauben und das Beten Josefs geprägt und können uns so an seinem Leben Anteil geben.

### Hören will ich dich

Hören will ich dich, mein Gott,
damit ich nicht ohne Hoffnung bleibe.

*nach Ps 85,9*


Das Gehör hast du mir eingepflanzt;
darum sage ich: Ja, ich komme.
Deinen Willen zu tun, mein Gott, macht mir Freude.
Deine Weisungen trage ich im Herzen.

*Ps 40,7b-9*


Laß mich den Weg begreifen,
den deine Befehle mir zeigen,
dann will ich nachsinnen über deine Wunder.

*Ps 119,27*


Der Herr ist mein Licht und mein Heil,
vor wem sollte ich mich fürchten?

*Ps 27,1*


### Bei dir ist die Quelle des Lebens

Bei dir ist die Quelle des Lebens,
in deinem Licht schauen wir das Licht.

*Ps 36,10*


Ein Licht erstrahlt den Gerechten neu
und Freude den Menschen mit redlichem Herzen.

*Ps 97,11*

Du zeigst mir den Pfad zum Leben.
Vor deinem Angesicht herrscht Freude in Fülle,
zu deiner Rechten Wonne für alle Zeit.

*Ps 16,11*

Ich aber bleibe immer bei dir,
du hältst mich an meiner Rechten.
Du leitest mich nach deinem Ratschluß
und nimmst mich am Ende auf in Herrlichkeit.
Gott nahe zu sein ist mein Glück.
Ich setze auf Gott, den Herrn, mein Vertrauen.
Ich will all deine Taten verkünden.

*aus Ps 73,23.24.28*

Herr, du hast die Sehnsucht der Armen gestillt,
du stärkst ihr Herz, du hörst auf sie.

*Ps 10,17*

Du hast meine Fesseln gelöst.

*Ps 116,16*

**Mein Lied ist der Herr**

Meine Stärke und mein Lied ist der Herr.

*Ps 118,14*

Seine Weisungen sind mir zu Liedern geworden
im Land meiner Pilgerschaft.

*Ps 119,54*

Er legte mir ein neues Lied in den Mund.
Einen Lobgesang auf ihn, unsern Gott.

*Ps 40,4*

Ja, das weiß ich: Groß ist der Herr.

*Ps 135,5*

All meine Quellen entspringen in dir.

*Ps 87,7*

Ich preise den Herrn, der mich beraten hat.
Auch mahnt mich mein Herz in der Nacht.
Ich habe den Herrn beständig vor Augen.
Er steht mir zur Rechten, ich wanke nicht.

*Ps 16,7f.*


## Ein „Magnificat" des heiligen Josef

Im Abendgebet der Kirche (Vesper) erklingt täglich
das Magnificat, der Lobgesang Marias. Dieses Lied
aus dem Neuen Testament (Lk 1,46-55) ist die lob-
preisende Antwort Marias auf das, was ihr von Gott
her geschehen ist. Aus diesem Lied atmet das Alte
Testament. Es sind Gedanken und Worte aus den
Büchern Samuels, der Propheten, der Psalmen und
anderen.
Aus Psalmversen ist ein Lobpreis des heiligen Josef
zusammengestellt, den er gesprochen haben könnte.


Ich will den Herrn allezeit preisen;
immer sei sein Lob in meinem Mund.

*Ps 34,2*

Er legte mir ein neues Lied in den Mund,
einen Lobgesang auf ihn, unseren Gott.

*Ps 40,4*


Ich wählte den Weg der Wahrheit,
denn mein Herz machst du weit.

*Ps 119,30-32*


Weil ich aufrichtig bin, hältst du mich fest
und stellst mich vor dein Antlitz für immer.

*Ps 41,13*


Gepriesen sei der Herr, der Gott Israels,
von Ewigkeit zu Ewigkeit. Amen, ja Amen.

*Ps 41,14*


## Aus den Propheten

Josef steht in der Reihe der Patriarchen. Er ist aber
auch ein Prophet der Zeitenwende. Propheten sind
vom lebendigen Gott ergriffene Menschen. Gott ruft
sie an. Sie können sich ihm nicht entziehen. Sie stehen in der Macht seiner Gegenwart. Er hat seine
Hand auf sie gelegt.
Die Propheten antworten, indem sie sich Gott völlig
ausliefern. Sie geben sich ihm hin „mit Haut und
Haaren" und mit einem großen Herzen. So werden sie
zum Zeichen seiner fordernden Nähe. Wir wählen
ihre Worte, um unsere Wege und Kämpfe zu beschreiben. So können Worte aus den Propheten ahnen
lassen, wie Josef seinen Weg verstanden hat und
gegangen ist.

## Wen soll ich senden?

„Danach hörte ich die Stimme des Herrn, der sagte:
,Wen soll ich senden? Wer wird für uns gehen?'
Ich antwortete: ,Hier bin ich, sende mich!'"

*Jes 6,8*

## Auf sein Wort hören

„Verleih deinem Knecht ein hörendes Herz."

*1 Kön 3,9*

„Jeden Morgen weckt er mein Ohr, damit ich auf ihn
höre wie ein Jünger.
Gott, der Herr, hat mir das Ohr geöffnet. Ich aber
wehrte mich nicht und wich nicht zurück."

*Jes 50,4f.*

## Auf Gottes Wort vertrauen

In den Büchern der Propheten gibt es Worte, die Gott
an Josef gesprochen, die er ihm ins Herz gelegt haben
könnte. Es sind Worte, die das Herz und die Füße
bewegen können.
Josef hat mehr als einmal erfahren: Ehe der Mensch
Zukunft plant, hat Gott schon gehandelt.

„Meine Gedanken sind nicht eure Gedanken, und
eure Wege sind nicht meine Wege – Spruch des
Herrn. So hoch der Himmel über der Erde ist, so hoch
erhaben sind meine Wege über eure Wege und meine
Gedanken über eure Gedanken. Denn wie der Regen

und der Schnee vom Himmel fällt und nicht dorthin
zurückkehrt, sondern die Erde tränkt und sie zum
Keimen und Sprossen bringt, wie er dem Sämann
Samen gibt und Brot zum Essen, so ist es auch mit
dem Wort, das meinen Mund verläßt: Es kehrt nicht
leer zu mir zurück, sondern bewirkt, was ich will,
und erreicht all das, wozu ich es ausgesandt habe."

*Jes 55,8-11*


„Wohin ich dich auch sende, dahin sollst du gehen,
und was ich dir auftrage, das sollst du verkünden."

*Jer 1,7*


„Neigt euer Ohr mir zu, und kommt zu mir,
hört, dann werdet ihr leben."

*Jes 55,3*


„Seht: Ein König wird kommen,
der gerecht regiert.
Dann sind die Augen der Sehenden
nicht mehr verklebt,
die Ohren der Hörenden
hören wieder zu."

*Jes 32,1.3*


„Fürchte dich nicht: Ich bin mit dir!
Blicke nicht um: Ich bin dein Gott!
Ich stärke dich,
ich helfe dir auch,
ich halte dich auf
mit meiner heilbereitenden Rechten.

Denn ich, der Herr, bin dein Gott,
der fest faßt deine Rechte,
er, der zu dir spricht:
fürchte dich nicht, ich helfe dir!"

*Jes 41,10.13*

## Aus Gebeten der Juden

Zu den Worten, die wir Josef in den Mund legen können, gehören auch die Gebete des Juden.
Das „Achtzehngebet" und das „Höre, Israel" hat Josef in der Synagoge und zu Hause immer wieder gebetet. Es sind tägliche Gebete, die sein Leben geprägt
haben. Seine Offenheit für Gott kommt aus solchen
Gebeten.
Das „Achtzehngebet" besteht aus 18 Abschnitten (später wurde ein 19. Abschnitt hinzugefügt). Oft wird es
einfach ‚das Gebet' genannt. Daran wird seine her-
vorragende Stellung deutlich.
Das „Höre Israel" ist das Glaubensbekenntnis Israels.
Es besteht aus drei biblischen Abschnitten: Dtn 6,4-9;
11,13-21 und Num 15,37-41. Es wird umrahmt von
Preisungen.
Die nachfolgenden Texte sind Auszüge aus diesen
Gebeten.

### Das Achtzehngebet

„Herr! Öffne meine Lippen,
daß mein Mund dein Lob verkünde" (Ps 51,17).
Gelobt seist du, Herr,
unser Gott und Gott unsrer Väter,
Gott Abrahams,

Gott Isaaks
und Gott Jakobs
großer, allmächtiger und furchtbarer Gott,
höchster Gott,
der liebevolle Gnade erweist.
Schöpfer des Alls,
der der Frömmigkeit der Väter gedenkt
und ihren Kindeskindern den Erlöser bringt,
um seines Namens willen
in Liebe.
König, Herr, Retter und Schild!
Gelobt seist du, Herr,
Schild Abrahams ...

Du begnadest den Menschen mit Erkenntnis
und lehrst den Sterblichen Einsicht.
Begnade uns
mit Erkenntnis, Einsicht und Verstand von dir.
Gelobt seist du, Herr,
der mit Erkenntnis begnadet ...

Heile uns, Herr, dann sind wir geheilt,
hilf uns, dann ist uns geholfen,
denn unser Ruhm bist du.
Bring allen unseren Schmerzen volle Genesung,
denn ein wahrhaft heilender,
erbarmungsvoller König bist du, Gott.
Gelobt seist du, Herr,
der die Kranken seines Volkes heilt ...

Dankbar bekennen wir uns zu dir
und künden deinen Ruhm
für unser Leben,
das in deine Hand gegeben,
und unsere Seelen,
die dir anvertraut,
und deine Wunder,

die täglich uns zuteil werden,
und deine Wundertaten und Wohltaten
zu jeder Zeit,
abends, morgens und mittags ...

Gelobt seist du, Herr,
Allgütiger ist dein Name,
und schön ist es, uns in Dankbarkeit
zu dir zu bekennen.

Gib Frieden,
Glück und Segen,
Gnade, Liebe und Erbarmen
uns und ganz Israel, deinem Volke ...

Er, der in seinen Höhen Frieden schafft,
gebe auch uns Frieden
und ganz Israel.
Darauf sprecht Amen.


**„Höre, Israel!"**

Preiset den Herrn, den Hochzupreisenden!
Gepriesen sei der Herr, der Hochzupreisende,
in Zeit und Ewigkeit.

Gelobt seist du,
Herr, unser Gott,
Weltenherrscher,
Bildner des Lichts und Schöpfer der Finsternis,
Stifter des Friedens und Schöpfer des Alls,
der Barmherzigkeit leuchten läßt
für die Erde und für ihre Bewohner,
und der in seiner Güte
jeden Tag beständig
das Werk der Schöpfung erneut.
Herr, wie groß sind deine Werke!

Sie alle hast du mit Weisheit geschaffen.
Voll ist die Erde von deinen Gütern.

Gelobt seist du, Herr,
der sein Volk Israel in Liebe erwählt.

„Höre, Israel!
Der Herr ist unser Gott, er ist einzig."

*Dtn 6,4*


Gelobt sei der Name der Herrlichkeit
seines Reiches
in Zeit und Ewigkeit.


Du sollst den Herrn, deinen Gott lieben, lieben mit
deinem ganzen Herzen, mit deiner ganzen Seele und
mit deiner ganzen Kraft. Diese Worte, auf die ich
dich heute verpflichte, sollen auf deinem Herzen sein.
Du sollst sie deinen Kindern einschärfen. Du sollst
von ihnen reden, wenn du zu Hause sitzt und wenn
du auf dem Wege gehst, wenn du dich schlafen legst
und wenn du aufstehst. Du sollst sie als Zeichen an
deine Hand binden. Zum Stirnband seien sie zwischen deinen Augen. Du sollst sie auf die Pfosten deines Hauses und deiner Tore schreiben.

*Dtn 6,5-9*


Wenn ihr auf meine Gebote hört, auf die ich euch
heute verpflichte, wenn ihr also den Herrn, euren
Gott, liebt und ihm mit ganzem Herzen und mit
ganzer Seele dient, dann gebe ich eurem Land seinen
Regen zur rechten Zeit, den Frühregen und den
Spätregen, und du kannst dein Korn, Most und Öl

ernten: dann gebe ich deinem Vieh Gras auf dem Feld, und du kannst essen und satt werden. Aber nehmt euch in acht! Laßt euer Herz nicht verführen, weicht nicht ab, anderen Göttern zu dienen, und werft euch nicht vor ihnen nieder! Sonst wird der Zorn des Herrn gegen euch entbrennen. Er wird den Himmel zuschließen, so daß kein Regen fällt. Der Acker wird keinen Ertrag bringen, und ihr werdet unverzüglich aus dem prächtigen Land getilgt sein, das der Herr euch geben will. Legt diese Worte auf euer Herz und auf eure Seele. Ihr sollt sie als Zeichen an eure Hand binden. Zum Stirnband seien sie zwischen euren Augen. Ihr sollt sie eure Kinder lehren, indem ihr von ihnen redet, wenn du zu Hause sitzt und wenn du auf dem Wege gehst, wenn du dich schlafen legst und wenn du aufstehst. Du sollst sie auf die Pfosten deines Hauses und deiner Tore schreiben. Auf das eure Tage und die Tage eurer Kinder zahlreich werden in dem Land, das der Herr euren Vätern zugeschworen hat, ihnen zu geben, solange der Himmel sich über die Erde spannt.

*Dtn 11,13-21*


Der Herr sprach zu Moses: Rede zu den Israeliten und sage ihnen, sie sollen sich Schaufäden machen an die Ecken ihrer Kleider in all ihren Generationen, und an den Schaufäden der Ecke sollen sie einen Faden von himmelblauer Wolle anbringen. Sie seien euch zu Schaufäden; und wenn ihr sie seht, werdet ihr euch an alle Gebote des Herrn erinnern und sie halten. Auf das ihr nicht den Verführungen eures Herzens und eurer Augen nachgebt, denen ihr nachbuhlt. Ihr sollt so an alle meine Gebote denken und sie halten; dann werdet ihr eurem Gott heilig sein. Ich bin der Herr,

euer Gott, der euch aus Ägypten herausgeführt hat,
um für euch Gott zu sein.
Ich bin der Herr, bin euer Gott.

*Num 15,37-41*


Wahr und fest,
gegründet und bleibend,
gerade und bewährt,
lieblich und teuer,
begehrt und anmutig,
geordnet und wohlfällig,
gut und schön
ist dieses Wort für uns
in Zeit und Ewigkeit.


Wahr ist's,
der ewige Gott ist unser König,
der Fels Jakobs ist der Schild unseres Heils.
Von Geschlecht zu Geschlecht
besteht Er
und besteht Sein Name.
Sein Thron ist fest gegründet,
und Sein Reich und Seine Treue
bestehen in Ewigkeit.
Seine Worte,
lebendig und bleibend,
bewährt und begehrt,
sind wahr in alle Ewigkeit
für unsere Väter
und für uns,
für unsere Kinder
und für die kommenden Geschlechter
und für alle Geschlechter der Nachkommen Israels,
deiner Diener ...

Mit einem neuen Lied
priesen die Erlösten deinen Namen
am Ufer des Meeres.
Alle zusammen
bekannten sich dankbar zu dir
nahmen deine Herrschaft auf sich
und sprachen:
„Der Herr regiert in Zeit und Ewigkeit!"

*Ex 15,18*

# Gedanken und Geschichten

## Die Botschaft für Josef (Mt 1,18-21)

Der Himmel teilt Josef nicht bloß mit, daß Maria
durch die Kraft Gottes ihr Kind empfangen hat ...
Die entscheidende Botschaft ist: „Nimm dennoch
Maria zu dir." Sei also, so sagt der Himmel, du Vater
für dieses Kind, erfülle die Aufgaben eines Vaters an
diesem Kind, das deiner Braut vom Himmel her
geschenkt ist. Bewahre, besorge, verteidige, liebe,
schütze dieses Kind. Dazu also wird Josef vom Himmel selbst beauftragt. Er ist also, so können wir
sagen, Nährvater und Schützer des Kindes nicht bloß
deshalb, weil seine ihm angetraute Braut ein Kind
vom Himmel empfangen hat, sondern weil Gott selber wollte, daß er Vaterstelle an dem Sohn Gottes
vertrete, der gekommen ist zur Erlösung der Welt.
Darum wird Josef geheißen, dem Kind den Namen zu
geben, darum wird Josef angeredet: Sohn Davids,
weil es darauf ankam, daß Jesus als Sohn Davids
erkannt und anerkannt wurde, was nur klar war,
wenn sein irdischer Vater Sohn Davids aus dem kö-
niglichen Geschlecht Davids war. Der Himmel also,
so dürfen wir aus diesem Text schließen, vertraut
dem heiligen Josef den Erlöser der Welt an. Und so
wird durch diese himmlische Botschaft Josef selbst in
die große, öffentliche, amtliche Heilsgeschichte hineingenommen. Er steht nicht nur in der privaten
Beziehung des Bräutigams und dann des Gatten zu
Maria, sondern er bekommt ein Amt, eine Funktion
in der Heilsgeschichte. Er ist der Bewahrer und
Behüter des Sohnes Gottes, unmittelbar dazu bestellt
und nicht bloß deswegen, weil er gleichsam durch

den Zufall einer Verlobung mit Maria nun einfach in
diese Beziehung mit dem himmlischen Kind tritt.

*Karl Rahner*


## Josef – Mann am Rande

Ein eindrucksvolles Zeugnis ist der folgende Text von
Pater Alfred Delp SJ, den er im Gefängnis mit gefes-
selten Händen geschrieben und auf geheimen Wegen
aus der Haftanstalt Berlin-Tegel geschmuggelt hat.
Er ist um Weihnachten 1944 niedergeschrieben worden.
Pater Delp wurde am 2. Februar 1945 hingerichtet.

Josef: Er ist der Mann am Rande, im Schatten. Der
Mann der schweigenden Hilfestellung und Hilfeleistung. Der Mann, in dessen Leben Gott dauernd eingreift mit neuen Weisungen und Sendungen. Die eigenen Pläne werden stillschweigend überholt. Immer
neue Weisung und neue Sendung, neuer Aufbruch
und neue Ausfahrt. Er ist der Mann, der sich eine
bergende Häuslichkeit im stillen Glanze des angebe-
teten Herrgotts bereiten wollte, und der geschickt
wurde in die Ungeborgenheit des Zweifels, des bela-
steten Gemütes, des gequälten Gewissens, der zugi-
gen und windoffenen Straßen, des unhäuslichen Stal-
les, des unwirtlichen fremden Landes. Und er ist der
Mann, der ging.
Das ist sein Gesetz: die dienstwillige Folgsamkeit: der
Mann, der dient. Daß ein Wort Gottes bindet und
sendet, war ihm selbstverständlich, weil er ein Mann
war, der bereitet, zugerüstet war zu Anrufen Gottes
und der bereit war. Die dienstwillige Bereitschaft,
das ist sein Geheimnis.

Und das ist zugleich seine Botschaft an uns und sein Gericht über uns. Ach, wie waren wir stolz und selbstsicher und anmaßend. Wie haben wir den Herrgott in die Grenzen und Schranken unserer Nützlichkeit, unserer Eigenart, unseres Empfindens, unserer Selbstverwirklichung usw. eingesperrt und eingeengt. Gott wurde wie alles Höhere und Geistige und Heilige nur insoweit anerkannt, als er uns bestätigte und uns in unserem Eigensinn und Eigenwillen förderte. Daß dies falsch war, hat inzwischen das Leben selbst uns schon beigebracht, indem es uns gerade in Erfüllung dieser unserer Ordnungen und Gesetze in die äußerste Bindung, in eine Totalität der Dienstverpflichtung brachte. Das alte Paulusgebet: quid me vis facere (Apg 22,10), die schweigende dienstwillige Bereitschaft des Mannes Josef werden uns wahrer, und so wirklicher und freier machen.

*Alfred Delp*

## Schutzherr der Kirche

Die bekannte Schriftstellerin Ida Friederike Görres (1901–1971) hat ein Buch geschrieben: Aus der Welt der Heiligen. Eine Kapitelüberschrift lautet: „Über allerlei". Es sind Notizen und Einfälle, keine abgeschlossenen Gedankengänge. Ein „Gedankensplitter" spricht vom heiligen Josef.

Die Gestalt des heiligen Josef hat einen Bezug zum Priestertum, das heißt, zum „patriarchalischen" Aspekt desselben, als Hierarchie. Er ist der Oberste, das Haupt der Heiligen Familie, aber nicht der Höchste in ihr, noch auch ihr Kern, ihre Mitte: das Leben, das Maria = Ecclesia trägt, ist nicht von ihm – er darf es nur behüten, bezeugen, erhalten, großziehen: es steht aber wirklich unter seiner Obhut, Verantwortung und Autorität. Und da hat auch Josefs Not und Anfechtung ihren tiefen symbolischen Bezug: es wiederholt sich in der Geschichte immer wieder die Angst, ob die Frucht, die sie trägt, „legitim" ist oder nicht. Und immer wieder muß er von oben die Bestätigung erbitten und erhalten – nicht aus sich und seinem Nachdenken urteilen! – daß dieses Werdende vom Heiligen Geist empfangen ist.

Von hieraus ist auch das Fest „Schutzherr der Kirche" gar nicht so eine abstrakte oder gar sentimentale Konstruktion, wie es ausschaut. Denn „die Kirche" ist ja Maria und ist zugleich die Frucht, die sie gebiert: der „große" Leib des Herrn, die zweite Inkarnation, die auf den Geburtstag der Parusie zuwächst. Wer anders als Josef sollte ihn behüten?

*Ida Friederike Görres*


## Von Gott ergriffen

Es ist der große Augenblick im Leben eines Menschen, da Gottes Wille den seinen kreuzt und sein Dasein von Gottes Plan eingefordert wird. In diesem Augenblick muß es sich offenbaren, ob der also Heimgesuchte Gott mehr liebt als sich selbst. Doch kein Mann ist vor ein Geheimnis von so erschütternder Gewalt gestellt worden wie der Verlobte der Jungfrau.

„Mit der Geburt Christi ging es also zu: Als seine Mutter Maria mit Josef vermählt war, fand sich's, ehe sie zusammenkamen, daß sie empfangen hatte vom Heiligen Geist" (Mt 1,18).

Wie könnten wir ermessen, was sich hinter diesen stillen Worten verbirgt! Die Jungfrau hatte sich bereits der Botschaft des Engels geneigt; da Josef ihr die Hand reichen wollte, gehörte sie einem andern, war sie gewissermaßen schon völlig umhüllt von dem heiligen Geschehen, das sich auf Erden entfalten wollte. Nun wird auch Josef von diesem Geschehen angerufen auf eine fast unbarmherzige, nicht minder erschreckende Weise. Das Leben, das er sich erhofft, … zerscheitert plötzlich.

Josef ist ebenso einsam vor dem Engel, wie Maria es gewesen, und „als nun Josef vom Schlafe aufstand, tat er, wie ihm der Engel des Herrn befohlen hatte und nahm seine Frau zu sich."

Von da an wendet sich sein ganzes Leben. Nicht mehr sein Leben ist es, sondern Gottes Walten in ihm.

*Reinhold Schneider*


## *Der gerechte Mann – der Gemahl Mariens*

Während seines ganzen Lebens, das ein Pilgerweg im Glauben war, blieb Josef wie Maria bis zum Ende dem Ruf Gottes treu. Das Leben Mariens war die äußerste Erfüllung jenes ersten *fiat*, das sie bei der Verkündigung gesprochen hatte, während Josef, wie bereits gesagt wurde, bei seiner „Verkündigung" kein Wort hervorbrachte: er *„tat"* einfach, „was der Engel des Herrn ihm befohlen hatte" (Mt 1,24). Und *dieses erste „Tun" wurde der Anfang von „Josefs Weg".* Entlang dieses Weges berichten die Evangelien nicht ein Wort, das von Josef gesprochen worden wäre. Aber *Josefs Schweigen* hat eine besondere Bedeutung: man kann daran die Wahrheit ablesen, die in dem Urteil des Evangeliums über ihn enthalten ist: er war „gerecht" (Mt 1,19).

Man muß diese Wahrheit richtig zu lesen verstehen, denn sie enthält *eines der wichtigsten Zeugnisse über den Menschen und seine Berufung.* Im Laufe der Generationen liest die Kirche immer aufmerksamer und bewußter ein solches Zeugnis, wobei sie aus dem reichen Vorrat dieser einzigartigen Gestalt „Neues und Altes" hervorholt (vgl. Mt 13,52).

Der „gerechte" Mann aus Nazaret besitzt vor allem die klaren Wesensmerkmale des Ehemannes. Der Evangelist spricht von Maria als „einer Jungfrau, die mit einem Mann namens Josef verlobt war" (*Lk* 1,27). Ehe „das Geheimnis, das von Ewigkeit an in Gott verborgen war" (*Eph* 3,9), Wirklichkeit zu werden beginnt, stellen uns daher die Evangelien *das Bild des Ehemannes und der Ehefrau* vor Augen. Nach der Gepflogenheit des jüdischen Volkes wurde die Eheschließung in zwei Abschnitten vollzogen: zuerst wurde die gesetzliche Eheschließung (eigentliche Ehe) gefeiert, und erst nach einiger Zeit nahm der Mann die Frau zu sich in sein Haus. Bevor Josef mit Maria zusammenlebte, war er also bereits ihr „Mann"; *Maria jedoch bewahrte in ihrem Innersten das Verlangen, sich Gott ganz hinzugeben.* Man könnte sich fragen, wie sich dieses Verlangen mit der „Vermählung" in Einklang bringen lasse. Die Antwort kommt einzig und allein von der Entwicklung des Heilsgeschehens, das heißt vom besonderen Handeln Gottes selbst. Bereits im Augenblick der Verkündigung weiß Maria, *daß sie ihren Vorsatz, jungfräulich zu bleiben und sich Gott in vollkommener und ausschließlicher Weise zu weihen, ausführen muß, um überhaupt in den Stand zu gelangen, Mutter des Gottessohnes zu sein.* Die Mutterschaft durch das Wirken des Heiligen Geistes ist die Form der Hingabe, die Gott selbst von der Jungfrau, die mit Josef „verlobt ist", erwartet. So spricht Maria ihr *fiat*.

Der Umstand, daß sie mit Josef „verlobt" ist, *ist in dem Plan Gottes enthalten.* Darauf weisen die beiden von uns zitierten Evangelisten, besonders aber Matthäus, hin. Die an Josef gerichteten Worte sind sehr bezeichnend: „Fürchte dich nicht, Maria *als deine Frau* zu dir zu nehmen; denn das Kind, das sie erwartet, ist vom Heiligen Geist" (Mt 1,20). Sie erläutern das Geheimnis der Frau Josefs: Maria ist trotz ihrer Mutterschaft Jungfrau. In ihr nimmt „der Sohn des Höchsten" einen menschlichen Leib an und wird „der Menschensohn".

*Als sich Gott* mit den Worten des Engels *an Josef wendet,* wendet er sich an ihn *als den Mann der Jungfrau von Nazaret.* Was sich in ihr durch das Wirken des heiligen Geistes vollzogen hat, ist zugleich Ausdruck und besondere *Bestätigung der ehelichen Bindung,* die bereits vorher zwischen Josef und Maria bestand. Der Himmelsbote sagt ganz klar zu Josef: „Fürchte dich nicht, Maria *als deine Frau* zu dir zu nehmen". Das, was vorher geschehen war – seine Vermählung mit Maria –, war also nach dem Willen Gottes geschehen und wurde daher bewahrt. In ihrer Gottesmutterschaft muß Maria als „eine Jungfrau und Frau eines Mannes" (vgl. *Lk* 1,27) weiterleben.

*Papst Johannes Paul II.*


## Josef – Mann der göttlichen Erwählung

Bei der Generalaudienz am 19. März 1980 sagte Papst Johannes Paul II., er möchte sich heute dem heiligen Josef zuwenden, „dieser Gestalt, die dem Herrn der Kirche und jedem einzelnen sowie allen denen in der Kirche lieb und teuer ist, welche die Wege des Heils zu erkennen und in ihrem Erdenleben zu gehen versuchen ... Denn wir möchten die großen Werke Gottes in dem erkennen, dem er seine Geheimnisse anvertraut hat."

Als nach und nach das Geheimnis der Mutterschaft Mariens dem Bewußtsein Josefs aufging, beschloß er, „der gerecht war und sie nicht bloßstellen wollte, sich in aller Stille von ihr zu trennen" (Mt 1,19), so geht die Schilderung bei Matthäus weiter.

Und gerade jetzt empfängt Josef als Bräutigam Mariens und vor dem Gesetz bereits ihr Ehemann seine persönliche „Verkündigung".

Er hört eines Nachts die Worte, die wir oben erwähnt haben. Sie sind zugleich eine Erklärung und Aufforderung von seiten Gottes: „Fürchte dich nicht, Maria als deine Frau zu dir zu nehmen" (Mt 1,20).

Gleichzeitig vertraut Gott Josef dieses Geheimnis an, auf dessen Erfüllung seit so vielen Generationen der Stamm Davids und das ganze „Haus Israel" gewartet hatten. Zugleich vertraut er ihm all das an, wovon die Erfüllung dieses Geheimnisses in der Geschichte des Gottesvolkes abhängt.

Von dem Augenblick an, da ihm diese Worte bewußt werden, wird Josef der Mann der göttlichen Erwählung: ein Mann mit einer besonderen Vertrauensstellung. Er erhält seinen Platz in der Heilsgeschichte. Josef nimmt diesen Platz mit der Einfachheit und Demut ein, in welcher sich seine geistige Tiefe als Mensch offenbart; er füllt diesen Platz vollständig mit seinem Leben aus.

„Als Josef erwachte – lesen wir bei Matthäus –, tat er, was der Engel des Herrn ihm befohlen hatte" (Mt 1,24). Mit diesen wenigen Worten ist alles gesagt. Die ganze Lebensbeschreibung Josefs und das Vollmaß seiner Heiligkeit sind in dem Wort enthalten: „Er tat es." Josef, wie wir ihn aus dem Evangelium kennen, ist ein Mann der Tat.

Er ist ein Mann der Arbeit. Das Evangelium hat nicht ein einziges Wort von ihm bewahrt. Es hat aber seine Taten beschrieben: einfache Alltagshandlungen, die aber gleichzeitig eine klare Bedeutung für die Erfüllung der göttlichen Verheißung in der Geschichte des Menschen besitzen; Werke, die von geistiger Tiefe und reifer Schlichtheit erfüllt sind.

Es brauchte tief innerliche Menschen – wie die große heilige Teresia von Jesus – und die Hellsichtigkeit der Kontemplation, um die leuchtenden Züge der Gestalt des Josef von Nazaret offenbar zu machen, den der himmlische Vater zum Mann seines Vertrauens auf Erden erkoren hatte.

Doch die Kirche hat immer gewußt und weiß es heute ganz besonders, wie grundlegend die Berufung dieses Mannes war: des Bräutigams Mariens, der vor den Menschen als Vater Jesu galt und ausersehen war, eine vollkommene Verkörperung der Vaterschaft in dieser zugleich menschlichen und heiligen Familie zu sein.

Deswegen wenden sich die Gedanken und das Herz der Kirche, ihr Gebet und ihre Verehrung Josef von Nazaret zu. Deswegen finden das Apostolat und die Seelsorge in dem weiten und zugleich grundlegenden Bereich der Berufung zu Ehe und Elternschaft beim heiligen Josef Unterstützung; das gesamte Familienleben, das erfüllt ist von der schlichten und hilfsbereiten Sorge des Mannes für die Frau, des Vaters und der Mutter für die Kinder; das Leben in der Familie, in jener „kleinen Kirche", auf der jede kirchliche Gemeinde beruht.

*Papst Johannes Paul II.*

## Von Josef lernen

Henri J. M. Nouwen war bis 1986 ein bekannter Professor für Pastoraltheologie und Spiritualität in den USA. Er schloß sich der von Jean Vanier gegründeten „Arche"-Bewegung an. In dieser Gemeinschaft leben Behinderte und Nichtbehinderte zusammen. Es geht nicht darum, Behinderten zu helfen, sondern mit ihnen zu leben.

In seinem Buch „Nachts bricht der Tag an – Tagebuch eines geistlichen Lebens" (Freiburg 1989) berichtet er hauptsächlich aus dem Jahr zwischen seinem Abschied von der Universität und seinem Eintritt in die Gemeinschaft der „Arche". Die Tagebuchnotizen sind der Niederschlag seines Ringens in Verbindung mit der Frage: „Wie folge ich Jesus ohne Vorbehalt?"
Henri J. M. Nouwen ist ein bekannter geistlicher Schriftsteller. Viele seiner Bücher sind in deutscher Sprache erschienen. Unter dem Datum 19. März (1986) schreibt er über den heiligen Josef. Die Gedanken stehen unter der Überschrift: Eine nährende und bestätigende Gegenwart.

Heute ist das Fest des heiligen Josef. Wie viele andere Christen vernachlässige auch ich diesen Heiligen in meinen Gedanken und Gebeten. Doch jedesmal, wenn ich einem frommen  Mann oder einer frommen Frau begegne, lenken sie meine Aufmerksamkeit auf den heiligen Josef. Dieser so ganz stille und verborgene Mann, der Gatte Marias, der Muttergottes, und Vater Jesu, unseres Erlösers, zeigt sich immer im Leben derer, die beten. Die heilige Bernadette hat den heiligen Josef sehr verehrt; auch Mutter Teresa, Jean Vanier und vielen anderen ist er nahe.
Wer ist der heilige Josef? Jean hat heute mit einer geradezu zärtlichen Liebe über ihn gesprochen. Josef

ist der Mensch, der Jesus zuerst den himmlischen Vater vorgelebt hat. Jesus hat Josef „Papa" – „Abba" – genannt, bevor er seinen himmlischen Vater mit diesem Namen angeredet hat.

Als liebevoller Vater hat Josef im Vertrauen auf die ermunternden Worte des Engels Maria zu sich genommen, dem Kind den Namen gegeben und die Verantwortung für sein Heranwachsen übernommen und so den Freiraum geschaffen, in dem Jesus zur Erkenntnis seiner Christus-Sendung gelangen konnte. Nirgendwo können wir so deutlich sehen, was die Aufgabe eines Vaters ist: der Begabung eines Kindes Nahrung geben und sich dann allmählich zurückzuziehen, damit das Kind diese Begabung ungehindert voll zur Entfaltung bringen kann.

Josef hat Jesus väterlich umsorgt, ihn seine Berufung entdecken lassen und es ertragen, daß sein Sohn sich die Freiheit nahm, von ihm abzurücken.

Mir ist jetzt klar, wie schmerzlich es für Josef gewesen sein muß, Jesus im Tempel zu finden und sagen zu hören: „Wußtet ihr nicht, daß ich in dem sein muß, was meinem Vater gehört?" Für Josef war dies das Zeichen, daß der Augenblick gekommen war, zurückzutreten, so daß „Abba", der Vater im Himmel, Mittelpunkt des Lebens und der Sendung Jesu werden konnte.

Aber läuft nicht jede „Vaterschaft" darauf hinaus, die Kinder allmählich ihren himmlischen Vater entdecken und die Möglichkeiten finden zu lassen, alles, was sie haben, ihm zu schenken? Es ist die schwere, aber auch befreiende Aufgabe der Eltern, sich dareinzufinden, daß ihre Elternschaft Teilhabe an einer göttlichen Elternschaft ist, der das Kind seine ganze, uneingeschränkte Liebe schenken soll. Das sieht sehr nach Ablenkung aus, aber wenn Eltern wissen, warum ein Kind letztlich aus dem Hause geht, kann das für sie auch eine Chance sein, den Einen neu zu entdecken, den sie ihrem Kind durch ihre Liebe zuerst offenbart haben.

Jean Vanier hat immer wieder betont, wie wichtig Josef für die Arche ist. Josef hilft uns zu erkennen, worin wahre Vaterschaft besteht. Sie besteht nicht in einer starken, männlichen Erscheinung, die gebieten, „Sünden" bestrafen und dem Leben des Kindes festen Halt geben kann. Echte Autorität ist etwas anderes. Sie ist eine nährende und bestätigende Gegenwart, die es schwachen und anfälligen Menschen ermöglicht, ihre Fähigkeiten selbst zu entdecken und die Freiheit und den Mut zu finden, auf eigenen Füßen zu stehen.

Konfrontation, Kritik und Strafe verletzen nur, wenn sie nicht in diese nährende und bestätigende Gegenwart integriert werden. Wir alle, ob Kinder oder Erwachsene, Behinderte oder Nicht-Behinderte, jung oder alt, brauchen Nahrung und Bestätigung, und das nicht nur hier und da einmal, sondern dauernd. Wenn sie im Zusammenhang mit der nährenden und bestätigenden Zuwendung in der Mitte unseres Seins erfolgen, kann man Konfrontation, Kritik und sogar Strafe als Zeichen von Liebe hinnehmen.

Doch ist dies eine Liebe, die weiß, wie sie sich zurückziehen muß, wenn der Augenblick da ist. Eltern, Lehrer, Mentoren und geistliche Begleiter müssen sich alle zurückziehen, um den anderen wachsen zu lassen. Josef hat sich auch zurückgezogen, so daß Jesus erstarken und frei werden konnte. Daher ist er gerade für die Arche ein Heiliger, der uns hilft, diejenigen aus der Hand zu lassen, die wir so umsorgen, damit sie in Gottes Gegenwart frei heranwachsen können.

*Henri J. M. Nouwen*

# Der Glaube macht es möglich

## Weihnachtsgedanken

Gott hat sich an den Menschen gebunden. Gott sagt Ja zum Menschen, indem er selbst Mensch wurde. Weihnachten konnte werden, weil Menschen auf Gottes Ruf antworteten und ihre eigenen Pläne begruben.

Einer von diesen Menschen ist Josef.

Im Traum erreicht ihn die Botschaft Gottes. Josef wagt Schritte auf dem Boden der Verheißung. Er geht Jesu Wege mit – Schritt für Schritt.


### Botschaft im Traum

Was uns im Traum nicht einfallen würde, wird Josef im Traum zugemutet. Er ist verlobt. Er hat seine Lebenspläne. Und dann muß er erfahren, daß seine Braut schwanger ist. Er überlegt, was er machen soll. Das Gesetz (die Tora) gibt ihm mehrere Möglichkeiten. Er hätte die Bestrafung nach dem Gesetz beantragen oder Maria durch einen Scheidebrief entlassen können. Josef wählt einen dritten Weg. Er beschließt, sich in aller Stille von ihr zu trennen.

Da erscheint ihm im Traum ein Engel. Die Erscheinung wird nicht beschrieben. Alles Gewicht fällt auf die Botschaft. Im Traum gewinnt Josef die Gewißheit, daß das Kind im Schoß Marias vom Heiligen Geist ist.

Josef versucht nicht, den Traum zu deuten. Für ihn ist der Engel Bote Gottes und sein Wort Botschaft von Gott. Die Liebe tut solche Dinge und geht solche Wege.

Für den Evangelisten Matthäus, der den Traum des Josef berichtet, haben Träume eine wegweisende

Funktion. Für ihn und für die Menschen damaliger Zeit war der Traum ein bekanntes und anerkanntes Mittel für die Erscheinung Gottes. Auch die Weisen aus dem Morgenland erhalten ihre Weisung im Traum.

In unseren Tagen suchen Menschen, in tiefere Schichten ihres Seins Einblicke zu bekommen, um sich selbst besser zu verstehen. Träume bekommen wieder Bedeutung.

Für Josef gilt, was im Hohen Lied steht: „Ich schlief, doch es wachte mein Herz" (5,2). Josef hört mit dem Herzen.

Wie auch immer wir den Traum Josefs deuten wollen, die Konsequenzen daraus sind handfest: „Als Josef erwachte, tat er, was der Engel ihm befohlen hatte, und nahm seine Frau zu sich"(Mt 1,24).


Schritte auf dem Boden der Verheißung

Josef erfährt im Traum, daß Jesus der Retter ist, der sein Volk von seinen Sünden erlösen wird. Auf das Wort des Engels hin handelt Josef. Er wagt Schritte auf dem Boden der Verheißung. Er verhält sich wie Abraham, er geht auf die Aufforderung Gottes ein, „ohne zu wissen, wohin er kommen würde" (Hebr 11,8). Aus dem Schlaf gerissen, bringt er Gottes Verheißung weiter.

Wo der Mensch sich auf den Boden der Verheißung wagt, hilft er mit, diese Verheißung ans Ziel zu tragen.


Josef geht Jesu Wege mit – Schritt für Schritt

Zum Leben Josefs gehören fortan immer wieder neue Weisung und neue Sendung. Im Traum wird ihm gesagt: „Steh auf!" – und er bricht auf. Solche Haltung ist unzeitgemäß, geht gegen den Strich. Wir möchten Gott eher in den Grenzen unserer Wünsche, Erkenntnisse und unserer Selbstverwirklichung unterbringen. Wir möchten in unserem Eigenwillen von Gott bestätigt werden. Der Weg der Verheißung aber hat eine andere Richtung.

Alltäglicher kann es nicht zugehen als bei Josef. Sein Leben besteht darin, die Wege Jesu mitzugehen, nicht sie vorzuschreiben.

Seine Berufung ist es, dabeizusein und mitzugehen. Er setzt nie nur einen Teil seiner Kraft oder seiner Zeit ein, er ist immer ganz gefordert. Verheißung und Weg scheinen oft nicht übereinzustimmen. Der Engel des Herrn hatte zu Maria über ihren Sohn gesagt: „Er wird groß sein und Sohn des Allerhöchsten genannt werden. Gott, der Herr, wird ihm den Thron seines Vaters David geben" (Lk 1,32).

Und dann diese Wege: der Weg der Herbergssuche, die Flucht nach Ägypten. Josef ergeht es wie Abraham: „Zieh aus deinem Land und vom Haus deines Vaters in das Land, das ich dir zeigen werde" (Gen 12,1).

Zur Geschichte des Volkes Israel gehören lange Wege in fremde Länder hinein. Zum Weg Josefs gehört das Dunkel der Unbegreiflichkeit Gottes. Er begreift, indem er aufbricht und geht. Menschen wie Josef machen auch heute die Menschwerdung Jesu möglich.

Eine Krippendarstellung, die in meinem Arbeitszimmer das ganze Jahr über steht, zeigt Josef mit einer Laterne in der Hand. Er ist der Bewahrer des Lichtes, das an Weihnachten in unsere Welt gekommen ist.

## St. Josef in Flandern
### Aus Büchern von Felix Timmermans († 1947) und Ernest Claes († 1968)

Felix Timmermans schreibt einmal: „Ein Buch ist der Inhalt eines Herzens." Damit zeigt er einen Zugang zu seinen Werken. Die Inhalte sind ererbt und erlebt.

„Und Vater erzählte uns so glänzend … vom Jesuskind und Maria und Josef, aber stets war er selbst dabeigewesen, und er ließ alles sich in unserem Land ereignen."

Von seinem Buch „Das Jesuskind in Flandern" sagt er: „Und es geschah in unserem Land. Ich konnte nicht anders, obgleich ich mir deutlich bewußt war, daß es nicht so geschehen war. Ich konnte mir mit Hilfe von Bildern und Beschreibungen wohl die Geschichte in Palästina vorstellen, doch das war nicht lebendig."

Timmermans und Claes waren Freunde, fast gleichaltrig. Ihre Heimatorte Lier und Sichem liegen nur ein paar Stunden Fußweg voneinander entfernt. Ernest Claes hat diese Dichterfreundschaft einmal so beschrieben: „Man deute es mir nicht als einen Mangel an Bescheidenheit, wenn ich sage, daß ich nur in mein eigenes Herz zu schauen brauche, um Felix Timmermans in vielen Zügen zu verstehen."

Über „Die Heiligen von Sichem" schrieb 1936 eine katholische Jugendzeitschrift: „Es ist ein einfaches Buch, und es erzählt von den nicht berühmten, doch um so heißer verehrten Heiligenfiguren der Kirche zu Sichem. Ihr müßtet es lesen und würdet zu euren Heiligen in der Dorf- oder Stadtkirche ein neues Verhältnis gewinnen, ihr würdet euch weniger an der mangelnden künstlerischen Form der Figuren stoßen, die nun einmal doch nicht geändert wird, und den Kern der Heiligenverehrung finden."

## Weihnachten

Josef kam eilig aus der Lehmhütte gelaufen, in der einen Hand die Laterne, in der andern eine Blechbüchse. Er ging auf die Suche nach Wasser, denn Maria war soeben wachgeworden, und mit einem Zug verhaltenen Schmerzes hatte sie ängstlich geflüstert: „Josef!"
Darauf hatte er erschreckt gesagt: „Wart ein wenig, leg dich nur ins Heu, ich will Wasser holen!", und dann war er hinausgelaufen. Nun verdroß es ihn, daß er es nicht früher getan hatte, aber Maria lag doch so süß und ruhig schlafend auf seinen Knien, daß er sie nicht hinzulegen wagte.
Auf gut Glück ging er nun Wasser suchen, da das Eis die Wasserwege verschlossen und verborgen hatte ... Was für harte Mühe um eine Büchse simplen Wassers! Er seufzte und wurde traurig. Doch lag da nicht eine gebrochene Weide über dem Graben? Mit beiden Armen hob er mühsam den Baumstamm auf die Schulter, trug ihn zu dem geborstenen Eis und ließ ihn dann in all seiner Schwere niedersausen. Bumms!
– Da blinkte das schwarze Wasser, und in ihm spiegelten sich die nächtlichen Sterne.
Schnell tauchte er die Blechbüchse in das beißend kalte Wasser, und als sie glucksend vollgelaufen war, eilte Josef zurück.
Als er die Tür öffnete, erschrak er. Das Laternenlicht fiel gerade auf Maria, die niedergekniet mit aufgelöstem Haar Tränen weinte auf ein schreiendes, rotes, blumig nacktes Kindlein, das sie zärtlich an ihre Brust drückte!
Als Maria Josef bemerkte, zeigte sie ihm im Überschwang erster mütterlicher Freude das zappelnde kleine Wesen, jubelte in der Verzückung ihrer großen Begnadung: „Oh Josef! Josef! Meine Seele schmilzt

vor Glück! Hier ist das Meer aus einem Regentröpf-
lein gekommen, der ganze Frühling aus einer Hand
voll Erde! Ach, es taut Seligkeiten um mich herum,
meine Finger triefen voll Gnade ..."

Sogleich machte sich Josef ans Werk, dem Kindlein
sein Recht zu geben, er fachte mit etwas Reisig ein
Feuer an und setzte die Blechbüchse in die rauchen-
den Flammen. Während das Wasser warm wurde, zog
er die Krippe aus der Ecke, legte Stroh und Heu hinein, und darüber breitete er etwas Wäsche und Win-
deln, die er aus der Kiste nahm, und legte unter den
zu kurzen Fuß der Krippe ein paar Steine.

„Komm, wir wollen es waschen, das Wasser dampft."
Schnell begann Maria, geschickt, als hätte sie es
immer schon getan, mit leichter Hand das zappelnde
Knäblein zu waschen, und Josef, der ein Tuch am
Feuer wärmte, sah mit Wohlgefallen zu und war stolz
und froh, daß sie es so recht mütterlich tat.

Draußen krähten Hähne, und der gute Esel, der sich
bei all diesem Hin- und Hergelaufe erhoben hatte,
kam auch einmal schauen, legte seinen Kopf über die
Krippe, tat einen tiefen Seufzer und ließ dann seinen
schweren, warmen Atem über das Kindlein hingehen.
Das braune Laternenlicht brannte still, so still, als ob
es auch voll großer, frommer Andacht wäre.

*Felix Timmermans*


## Die Flucht nach Ägypten

Sankt Joseph schlief fest und ruhig in der wohligen
Wärme seines weißen Bartes. Sein Herz war noch
erfüllt von Freude und Glanz wegen der Ehre und der
Geschenke, die die drei Könige dem Jesuskind dargebracht hatten. Aber was sollte ein armer Mann mit
dem vielen Gold anfangen? Er hatte es dem Pfarrer

von Bethlehem bringen lassen. Und mitten in diesem von Gold und Ehre durchsponnenen Traum blitzte plötzlich der silberne Engel hervor und sprach mit einer Orgelstimme: „Fliehe, fliehe! König Herodes will morgen das Kindlein, unseren Herrn, töten lassen …"

Sankt Joseph wachte auf. Es war dunkle Nacht. „Es ist nur ein Traum!" sagte der Schlaf und versuchte, ihm die Augen wieder fest zu schließen. Aber Sankt Joseph wußte aus Erfahrung, daß man einen Traum nicht unbeachtet lassen darf. Er hielt die Augen hartnäckig offen, erhob sich und zündete die Laterne an. Es ging um das Kindlein! Er mußte sich beeilen, aber dennoch sehr vorsichtig zu Werke gehen, denn das Jesuskind und seine Mutter waren zarte Wesen.

Die Laterne spendete Licht, ein gewöhnliches, spärliches Laternenlicht, aber, als sie bemerkte, daß Sankt Joseph mit ihr zu Maria ging, dehnte sie ihre Flamme weit aus, vor Ehrfurcht und Neugierde, denn sie hatte die Gottesmutter nur einmal sehen dürfen, zu Weihnachten. Wie hatte sie sich damals schon Mühe gegeben, recht hell zu leuchten! Den ganzen Stall hatte sie mit ihrem Licht erfüllt! Eine Laterne ist ein gutmütiges, aber nicht sehr gescheites Wesen; die arme hatte nicht einmal bemerkt, daß das viele Licht von den Engeln herrührte. Jetzt wollte sie wieder ein solches Licht verbreiten. Sie schluckte das Öl in vollen Zügen, faltete ihre Flamme auseinander, blähte sich auf, gab sich die größte Mühe, aber das Licht wurde nicht größer als ein Ei. Mit dem Öl ist etwas nicht in Ordnung, meinte sie; nein, sagte das Öl, es liegt am Docht; ausgeschlossen, sagte der Docht, es liegt an der Flamme; nein, nein, beteuerte die Flamme, die Laterne ist schuld. Während die Laterne mit sich selbst herumzankte, aber inzwischen doch versuchte, zu sehen und zu bewundern, freute sich Sankt Joseph, daß die Laterne heute nacht so wunderschön leuchtete.

Maria lag auf einem Strohbündel mit dem Kindlein im Arm. Das Stroh umarmte sie zärtlich. Sankt Joseph ging vorsichtig auf den Fußspitzen zu Maria, um sie zu wecken, berührte sie schüchtern mit dem Zeigefinger an der Schulter und flüsterte leise:

„Maria."

„Was gibt es, Joseph?" fragte Maria.

„Wir müssen fliehen", sagte Sankt Joseph ...

„Der Engel ist mir im Traum erschienen ... König Herodes will das Kindlein töten!"

Die großen Augen wurden noch größer vor Angst, und dann schlossen sie sich, während das blasse Gesicht Marias sich voll Demut neigte.

Der kleine Stall krachte in allen Fugen vor Schreck und Schmerz. Er war ganz fassungslos und wie versteinert. Entsetzt mußte er zusehen, wie Sankt Joseph Maria beim Aufstehen half, wie er sein Werkzeug zusammensuchte, das Bündel schnürte, sich noch einmal vorsorglich nach allen Seiten umguckte und wie sie dann zusammen hinausgingen, begleitet von der Laterne und der Sternennacht.

Joseph trug das Kindlein, er trug alles, sein Werkzeug, das Kleiderbündel, Angst und Sorge, und Maria lehnte sich an seine Schulter.

*Felix Timmermans*


Die Heiligen von Sichem

Ich weiß wohl, bis auf einen sind sie ja nur aus Stuck, die Heiligen von Sichem. Die Kunstverständigen werden vielleicht nicht viel daran finden, wie auch unsere Heiligen sich nichts aus den Kunstverständigen machen. Diese Leute betrachten nur das Äußere, aus welchem Jahrhundert sie stammen und wer sie geschaffen hat. So dumm sind wir in Sichem allerdings nicht, daß wir nicht auch dafür ein Auge hätten, aber wir sehen doch zuerst und vor allem nach dem Herzen und danach, was sie wert sind für unseren lieben Herrgott.

Um ein echter Heiliger von Sichem zu sein, genügt es auch nicht, nur so einfach in der Kirche zu stehen. Nein, dafür braucht es Jahre, viele Jahre. Darüber müssen erst ein paar Menschenalter vergehen. Sie müssen erst den Geist und die Seele von Sichem und den Sichemern in sich aufgenommen haben, sie müssen eins geworden sein mit der Kirche, und man muß es an ihrem Gesicht sehen können, daß sie eben nach Sichem gehören. Sie müssen alle Menschen, die in die Kirche kommen, kennen, ihre Nöte und Sorgen, ihre guten und schlechten Seiten.

Vorne im Chor Unserer Lieben Frau steht St. Josef mit dem Jesuskind. Unnötig zu sagen, daß St. Josef in unserem Dorf der beliebteste Heilige ist. Das wäre ja auch kaum anders möglich und ist durchaus in Ordnung. Wie er so dasteht, mit seinem grauen Bart und freundlich auf das Jesuskind blickt, das auch barfuß ist, genau wie er, sieht er den alten Vätern von Sichem ein wenig ähnlich, die sich um ihre Kinder sorgen und sich Gedanken darüber machen, was wohl später aus ihnen werden soll. St. Josef ist der Heilige aller ernsten Menschen, die oft Anliegen haben, wofür andere Heilige weniger geeignet sind, weil sie dem Herrgott nicht nahe genug stehen.

Die Farben seines Mantels sind vom Alter verblaßt, woran man sehen kann, daß er – wie alle Sichemer auch – nur ein armer, arbeitender Mensch gewesen ist. Aber ist damit nicht auch wieder bewiesen, daß alle irdische Schönheit vergeht, abblättert wie die Farbe einer Tür? Die reichen Geizkragen können sich an St. Josef ein Beispiel nehmen; so weit wie er werden sie es im Himmel bestimmt nie bringen.

*Ernest Claes*

Josef und die Lilie

In Italien schuf Giotto di Bondone in der Kapelle Santa Maria dell' Arena zu Padua einen Bildzyklus zum Marienleben (1303–1306). In Dichtung und Kunst wurde das Marienleben zu dieser Zeit häufig dargestellt. In diesem Bilderzyklus wird von Giotto die Auserwählung des heiligen Josef zum Bräutigam Marias in drei Bildern behandelt. Die Szene spielt vor dem Tempel. Ein Bild zeigt die Vermählung Josefs mit Maria. Vor dem Altar stehen sich die beiden gegenüber. In der linken Hand hält Josef einen Stab, der zu einer Lilie erblüht ist. An der Spitze des Stabes fliegt eine Taube in die Höhe.

Es ist wohl die älteste Darstellung, die Josef mit einer Lilie in der Hand zeigt.

Im Protoevangelium des heiligen Jakobus, einer apokryphen Schrift aus der Mitte des 2. Jahrhunderts, wird die Erwählung des heiligen Josef und die Herkunft des blühenden Stabes erzählt.

Maria war dreijährig von ihren Eltern zum Tempel des Herrn gebracht worden. „Gott, der Herr, legte Anmut auf das Kind, und es tanzte vor Freude mit seinen Füßchen, und das ganze Haus Israel gewann es lieb" (7,3).

Als Maria zwölf Jahre alt wurde, fand eine Beratung der Priester statt, was mit Maria werden sollte. Ein Engel erschien dem Hohenpriester Zacharias und forderte ihn auf, alle Witwer sollten mit dem Stab in der Hand erscheinen: „Welchem der Herr ein Wunderzeichen geben wird, dessen Weib soll sie sein" (8,3).

Boten werden ausgesandt, „die Posaune des Herrn erscholl, und alle liefen herzu" (8,3).

Im Kapitel 9 heißt es dann: „Josef aber warf die Axt weg und ging auch seinerseits hinaus, um ihnen zu begegnen. Und als sie versammelt waren, nahmen sie die Stäbe und gingen zum Hohenpriester. Der nun nahm die Stäbe aller, ging in den Tempel und betete. Nach der Beendigung des Gebetes nahm er die Stäbe, trat wieder hinaus und gab sie ihnen; ein Wunderzeichen war indessen nicht an ihnen. Den letzten Stab bekam Josef, und siehe, eine Taube kam aus dem Stab hervor und flog auf das Haupt Josefs. Da sprach der Priester zu Josef: ‚Josef, du hast durch Los die Jungfrau des Herrn zugeteilt bekommen; nimm sie in deine Obhut!' … und Josef sprach zu ihr: ‚Maria, ich habe dich aus dem Tempel des Herrn empfangen und lasse dich nun in meinem Hause und gehe fort, um meine Bauten zu errichten; darnach werde ich wieder zu dir kommen; der Herr wird dich bewahren!'"

In einer anderen Legende wird ähnliches berichtet: „Alle unverheirateten Männer vom Stamme Davids wurden aufgefordert, eine Rute zum Altar zu bringen. Der, dessen Rute blühte, sollte der Jungfrau Maria verlobt werden. Unter diesen Männern befand sich auch Josef. Er fand es allerdings unziemlich, in seinem Alter die junge Frau als sein Weib anzunehmen. Darum verbarg er seine Rute, während alle anderen sie zum Altar brachten. Da ertönte eine Stimme: ‚Der, der dieser Jungfrau würdig ist, hat allein seine Rute nicht dargebracht.' Nun mußte Josef hervortreten. Als er seine Rute zeigte, blühte sie alsbald, und eine Taube kam vom Himmel herab und ließ sich auf der Spitze der Rute nieder."

Josef mit einem blühenden Zweig oder mit der Lilie, aus der eine Taube hervorfliegt, sind Darstellungen, die auch auf den im 15. Jahrhundert häufig anzutreffenden Bildern der heiligen Sippe zu sehen sind. Allgemein ist festzustellen, daß der blühende Stab als Kennzeichen des heiligen Josef verwandt wird. Der blühende Stab oder das blühende Reis wurden in vielen Fällen zur Lilie.

Damit ist ein Bedeutungswandel verbunden. Die Lilie wird zum Zeichen der Jungfräulichkeit Josefs. So sehen wir Josef mit der Lilie in der Hand und mit dem Jesuskind auf dem Arm.

# Lieder und Gebete

## Hymnen und Lieder

Josef, Erwählter,
dem der Herr vertraute,
höre uns heute
deine Größe preisen:
Siehe, der Mutter
gab er zum Gemahl dich,
nannte dich Vater.

Wortlos erfüllst du
Gottes dunklen Willen,
tust ohne Frage,
was er dir gebietet,
demütig dienst du
seinem großen Plane,
treu und beharrlich.

Weil du gehorchtest,
wurdest du erhoben.
Christus verlieh dir
Seligkeit und Leben.
Er, der die Kleinen,
vor der Welt Geringen,
seliggepriesen.

Lob sei dem Vater
auf dem höchsten Throne,
Lob sei dem Sohne,
Gott, aus Gott geboren,
Lob sei dem Geiste,
der von beiden ausgeht,
immer und ewig. Amen.

*Hymnus zur Lesehore am Fest des heiligen Josef*

Preisen möge dich heut,
Josef, der Engel Schar,
dir erklinge im Chor
unseres Jubels Lied.
Du bist wahrhaft erwählt,
hat doch der Herr der Welt
Sohn und Mutter dir anvertraut.

Staunend siehst du die Braut
tragen die heil'ge Frucht.
Zweifel quält dich und Angst,
unfaßbar erscheint es dir.
Gott tut selber dir kund
durch seines Engels Wort,
daß vom Geist sie das Kind empfing.

Gottes ewigen Sohn
hütest und hegest du treu,
fliehst mit ihm aus dem Land
weit nach Ägypten hin.
Was dir Gott auch befiehlt -
schweigend gehorchst du ihm.
Du fügst dich willig dem dunklen Plan.

Höre, ewiger Gott,
höre auf unser Lob.
Gnädig blicke uns an,
führe uns hin zu dir;
laß uns jubelnd im Chor
singen das neue Lied
dir; dem Herrn aller Welt und Zeit. Amen.

*Hymnus zur Vesper am Fest des heiligen Josef*


Sankt Josef, Sproß aus Davids Stamm,
gerecht und fromm im Leben!
Nach Gottes Plan ein Engel kam,

Verheißung dir zu geben:
„Nimm deine Braut; sie trägt den Sohn,
der herrschen wird auf Davids Thron
und der sein Volk erlöst."

Du nimmst den Ruf im Glauben an,
erfüllst den Dienst mit Schweigen.
An deiner Hand wächst der heran,
vor dem sich Engel beugen.
Er tritt aus deiner Hut heraus
und bleibt in seines Vaters Haus.
Und du erkanntest ihn.

Wie du Maria und ihr Kind
in deinem Schutz geborgen,
wirst du, solang wir Pilger sind,
für Christi Kirche sorgen.
Daß sie erstarke und gedeih
und Christus in ihr mächtig sei:
dazu, Sankt Josef, hilf!

*Gotteslob Nr. 609*

Josef, Mann Gottes,
viermal hat dich der Engel im Traum angesprochen.
Er gebot dir, Maria als deine Frau anzunehmen.
Zum Vater Jesu wurdest du bestimmt.
Die Botschaft des Engels hat dein Leben verändert.

Im Traum forderte der Engel dich auf,
nach Ägypten zu fliehen mit Maria und dem Kind.
Du hast dich mitten in der Nacht auf den Weg
gemacht.

Schenke auch mir ein waches Ohr
und lehre mich, mit dem Herzen zu hören.
Gib mir Mut aufzubrechen,

wenn es not tut mitten in der Nacht
und jene zu wecken, die in Gefahr sind.

Zeig mir, wann es Zeit ist zu kommen
und Zeit ist zu gehen
und wann es gut ist zu bleiben.

Hilf mir, auf den Engel zu hören,
der in der Nacht spricht
und der mein Leben aufklären kann,
der mir im Traum sagt,
was ich am Tage tun soll.

*Heinz Janssen*


## Gebete

Allmächtiger Gott,
du hast Jesus, unseren Heiland,
und seine Mutter Maria
der treuen Sorge des heiligen Josef anvertraut.
Höre auf seine Fürsprache
und hilf deiner Kirche,
die Geheimnisse der Erlösung treu zu verwalten,
bis das Werk des Heiles vollendet ist.
Darum bitten wir durch Jesus Christus.

*Tagesgebet am Fest des heiligen Josef,*
*Bräutigam der Gottesmutter Maria*


Gott, du Schöpfer der Welt,
du hast den Menschen
zum Schaffen und Wirken bestimmt.
Auf die Fürsprache unseres Schutzpatrons,
des heiligen Josef,
der mit seiner Hände Arbeit
die Heilige Familie ernährte,

gib uns Kraft und Ausdauer,
damit wir deinen Auftrag auf Erden erfüllen
und so den verheißenen Lohn empfangen.
Darum bitten wir durch Jesus Christus.

*Tagesgebet am Fest des heiligen Josef, des Arbeiters*


Herr, unser Gott,
du hast uns zu diesem Mahl der Freude geladen.
Laß uns nach dem Vorbild des heiligen Josef
Zeugnis geben von der Liebe,
die du uns erwiesen hast,
und schenke uns
den Segen eines beständigen Friedens.
Darum bitten wir durch Christus, unseren Herrn.

*Schlußgebet am Fest des heiligen Josef, des Arbeiters*


Zu dir, heiliger Josef, kommen wir in unserer Not
und bitten voll Vertrauen um deinen Schutz.

Mit Maria, der Mutter Jesu, verbindet dich innige
Liebe, und das Jesuskind hast du mit väterlicher
Sorge auf all seinen Wegen begleitet.
Darum bitten wir dich:
Schau gnädig auf das Erbe, das Jesus Christus mit
seinem Blut erkauft hat.
Sei uns nahe, steh' uns bei, bitt' du für uns.

Du hast in treuer Sorge über die Heilige Familie
gewacht, beschütze die Kirche Jesu Christi. Halte fern
von uns Irrtum und Verderbnis. Steh' uns vom Himmel aus gnädig bei im Kampf mit den Mächten der
Finsternis. Bleibe uns nahe, führe und leite uns, damit
wir nach deinem Vorbild und mit deiner Hilfe heilig
leben, in Frieden sterben und ewiges Leben finden.

*Nach einem Gebet von Papst Leo XIII.*

Heiliger Josef, du dientest Jesus und Maria mit deiner Arbeit, mit deiner Fürsorge und mit deinem Leben. Erbitte uns die Kraft, auf Gottes Wort zu hören und ihm täglich neu zu vertrauen. Hilf uns bei unserer Arbeit, die von Gott geschenkten Möglichkeiten und Fähigkeiten für die Ausbreitung seines Reiches einzusetzen.

*Hiltruper Missionsschwestern*


Tägliche Bitte

Heiliger Josef,
führe mich durch die Stunden dieses Tages,
führe mich durch die Tage meines Lebens,
sei mir nahe in der Stunde meines Todes
und geleite mich in das Reich des Vaters. Amen.

*Heinz Janssen*


*„Josef, ihr Mann, der gerecht war …" (Mt 1,19)*

Josef, du hast in einer Zeit
der Unterdrückung der Frau
auf deine Rechte verzichtet;
du hast Demut bewiesen
und Maria die Nähe zum Geheimnis des Sohnes
nicht geneidet;
du hast dich begnügt,
im Schatten zu dienen.

Josef, Mann voller Größe,
bitte für uns,
die wir klein sind und gering.

*„Josef, Sohn Davids, fürchte dich nicht,*
*Maria als deine Frau zu dir*
*zu nehmen" (Mt 1,20).*

Wir fürchten das Geheimnis.
Der Weg in die Finsternis macht Mühe,
verlangt Vertrauen auf den,
der unsichtbar führt,
erfordert den Glauben
an das Licht in der Ferne.

Wir scheuen die Mühe,
das gläubige Vertrauen scheint uns naiv
und der Weg zum Licht – zu weit.

Doch solche Furcht beläßt uns
in der Finsternis.

*Anna Zawadzka*


## Fürbitten

Laßt uns beten zu Gott, unserem Vater:

Vater im Himmel, du hast Josef durch den Engel
deine Wege kundgetan;
– nimm dich der Ratlosen an.

Josef hat mit seiner Hände Arbeit für Jesus und
Maria das tägliche Brot verdient;
– schenke allen Schaffenden die Frucht ihrer Arbeit.

Josef hat in Demut deinem Sohn gedient;
– sei allen nahe, die in Stille ihren Dienst tun.

Auf die Fürsprache des heiligen Josef erbarme dich
der Sterbenden;
– schenke ihnen einen gnädigen Tod.

Nimm unsere Verstorbenen auf in die Gemeinschaft
deiner Heiligen;
– laß sie mit Maria und Josef bei dir selig sein.

*Fürbitten aus dem Stundenbuch zur Vesper*
*am Fest des heiligen Josef*


Gepriesen sei Gott, der sich seine Diener beruft.
Zu ihm laßt uns beten:

Herr, unser Gott, du hast unsere Väter im Glauben
berufen, vor dir zu leben;
– gib uns die Kraft, ihrem Beispiel zu folgen.

Ohne zu zögern, hat Josef deinen Willen erfüllt;
– hilf uns, auf dich zu hören und dir zu gehorchen.

Du hast Josef, dem Gerechten, Kindheit und Jugend
deines menschgewordenen Sohnes anvertraut;
– gib, daß wir Christus in unseren Brüdern und
Schwestern dienen.

Du hast Josef erwählt, daß er mit seiner Hände
Arbeit für Jesus und Maria sorge;
– segne unsere Arbeit.

*Bitten aus dem Stundenbuch zur Laudes*
*am Fest des heiligen Josef*


Der Josef der kleinen Leute

Josef kam aus Nazaret,
einem Städtchen im Hinterland,
auch wir sind aus dem Landesinneren.

Josef liebte Maria, die Mutter Jesu,
die Liebe ist Gottes Geschenk an uns Menschen.

Josef achtete Maria als Frau,
auch wir müssen uns gegenseitig achten.

Josef hatte für das Opfer im Tempel
nur ein paar Tauben,
auch unser Opfer ist fast nichts.

Josef suchte voll Angst seinen Sohn,
oft genug sorgen auch wir uns um unsre Kinder.

Josef anerkennt, Gott ist Vater Jesu,
auch für uns sind die Kinder ein Geschenk Gottes.

Josef schenkte Jesus Vertrauen und Freiheit,
täglich erfahren wir, wie schwer das ist.

Josef wird kaum im Evangelium erwähnt,
auch von uns spricht niemand.

*Gebet aus Brasilien*


## Josefs-Litanei

Josef, du Schatten des Ewigen Vaters,
        du Pflegevater des Ewigen Sohnes,
        du Jünger des Heiligen Geistes,
        Auserwählter des Dreieinigen Gottes.

Josef, du Ehre Israels,
        du Sohn Davids,
        mit Maria verlobt,
        von Zweifeln zerrissen,
        von Engeln getröstet,
        von Engeln belehrt,
        von Träumen erleuchtet.
        Das Gesetz erfüllend,
        von Gnade überwältigt,
        Zeuge der Geburt Christi,

Flüchtling in Ägypten,
Zimmermann in Nazareth.

Josef, du gerechter Mann,
du treuer Knecht,
staunend und schweigend,
vollkommen in Einfalt,
Fels der Geduld,
demütig und weise,
großmütig und stark,
jedem Wink Gottes bereit,
allzeit gehorchend,
allzeit entsagend,
glaubend ohne zu sehen,
lebend aus Vertrauen,
bewährt in der Liebe,
sterbend in der Erwartung,
harrend vor der Schwelle,
heimgeholt in der Himmelfahrt des Herrn.

Josef, Freund der Familien,
Spiegel der Ehen,
Beschützer der Kinder,
Vorbild der Priester,
Leuchte des Alltags,
Führer in Gefahren,
Geleiter ins Ungewisse,
Patron der Kinderlosen,
Tröster der Verzichtenden,
Ernährer der Armen.

Josef, gesegnet und selig,
gekrönt in Herrlichkeit,
mächtiger Fürbitter,
Schutzherr der Kirche,
bitte für uns. Amen.

*Ida Friederike Görres*

# Die Verehrung des heiligen Josef

## Aus der Geschichte der Verehrung

Josef als großer Heiliger der ganzen Kirche ist eine späte Entdeckung. Er blieb lange eine Gestalt am Rande, so wie ihn viele alte Weihnachtsdarstellungen zeigen. Nur aus gelegentlichen Notizen hört man in der frühen Kirche etwas über ihn.

Beim Philosophen und Märtyrer Justin findet sich eine frühe außerbiblische Bemerkung über Josef. Sie bekommt dadurch besondere Bedeutung, daß Justin – geboren um 100 n. Chr. – aus der Gegend stammt, die zur näheren Heimat Jesu und Josefs gehört (Flavia Neapolis, dem alten Sichem).

In seinem Dialog mit dem Juden Tryphon sagt Justin: „Jesus wurde am Jordan für den Sohn des Arbeiters Josef gehalten, und er schien unansehnlich, wie die Schriften es voraussagten, ja wurde selbst als Arbeiter betrachtet." Justin beschäftigt auch die Frage nach der Jungfräulichkeit Marias und Josefs Verhältnis zu Maria. Diese Fragen bleiben über Jahrhunderte Thema für die Theologen.

Schon früh entstanden apokryphe Schriften, die sich im Stil und Inhalt an die biblischen Bücher anlehnten und mehr Einzelheiten über die Kindheit Jesu und über die Herkunft von Maria und Josef berichten als die Evangelien. Sie haben das Josefsbild stark beeinflußt. Sie spiegeln ein Stück christlicher Frömmigkeitsgeschichte wider und haben vor allem auf das christliche Kunstschaffen Einfluß genommen.

Besondere Bedeutung gewann das „Protoevangelium des Jakobus". Dies wurde etwa um die Mitte des 2. Jahrhunderts abgefaßt. Die theologische Klärung vieler Fragen bezüglich der Ehe von Maria und Josef oder der Vaterschaft Josefs konnten den Einfluß dieser Schriften nicht mindern. Als im 12. Jahrhundert die Zeit der großen „Marienleben" in Literatur und Kunst begann, wurden diese Werke unentbehrlich. Im 13. Jahrhundert wurde die Überlieferung durch neue Züge erweitert, die der schriftlichen und mündlichen Volkstradition entnommen waren, die ihrerseits ihre Quellen wiederum in den Apokryphen hatten. Die Entwicklungsgeschichte der Apokryphen gibt einen tiefen Einblick in die Denk- und Betrachtungsweise dieser Zeit und ihrer Menschen. Die anschaulichen und ansprechenden Schilderungen wirkten nachhaltiger als theologische Gedanken. Das gilt bis in unsere Tage.

Eine nachweisbare kultische Verehrung findet sich zuerst in der koptischen Kirche. Die koptischen Christen begehen am 26. Juli ein Fest, das an den Heimgang des heiligen Josef erinnert und bis in das 8. Jahrhundert zurückzuverfolgen ist. Einen Hinweis auf diese frühe Verehrung geben auch die zahlreichen Patrozinien der Heiligen Familie in Ägypten aus der Zeit vor dem Jahre 1000.

Die orthodoxe Kirche begeht am Sonntag nach Weihnachten das Fest des heiligen und gerechten Josef zusammen mit dem des Königs David, des Ahnherrn Jesu. Dazu kommt noch der Apostel Jakobus, der Herrenbruder, der als Verfasser des gleichnamigen apokryphen Evangeliums genannt wird. Der Gedenktag ist weniger ein selbständiges Fest des heiligen Josef, sondern eine liturgische Erweiterung des Weihnachtsfestes.

Die Hochschätzung, die der heiligen Josef im Abendland gefunden hat, belegt die Aufnahme in die Martyriologien (Festkalender). Aus ihnen wurde in den Klöstern Tag für Tag vorgelesen. Zwei Martyriologien aus der Benediktinerabtei Reichenau/Bodensee, die zwischen 827 und 842 entstanden sind, enthalten übereinstimmend zum ersten Mal das Gedächtnis des heiligen Josef am 19. März. Das Martyriologium von Fulda (10. Jahrhundert) bezeugt ebenfalls seine Verehrung.

Im 12. Jahrhundert beginnt im Abendland neues geistiges Leben zu blühen. Drei hochangesehene Männer aus dieser Zeit sind „Wegbereiter" für eine Weiterentwicklung der Josefsverehrung geworden, wenngleich sie in ihren Werken noch nicht ausführlich von ihm handeln: Bernhard von Clairvaux († 1153) ist als geistlicher Schriftsteller zu nennen; Rupert von Deutz († 1135) hat in seiner Schriftauslegung die Gestalt des Josef herausgehoben; Hugo von St. Viktor († 1141) behandelt als spekulativer Theologe u. a. die Frage, ob zwischen Maria und Josef eine wahre Ehe bestand, oder ob Josef nur Beschützer Marias und dann für Jesus lediglich Vormund war.

Insgesamt findet Josef auch bei den großen Scholastikern wie Albert dem Großen († 1280) und Thomas von Aquin († 1274) keine besondere Beachtung, auch wenn beide in ihren Kommentaren zum Matthäusevangelium seine Gestalt berücksichtigen und Albert darin eine Lobrede auf den heiligen Josef verfaßt.

Zeugnisse, die auf eine kultische Verehrung des heiligen Josef hinweisen, mehren sich vom 11. Jahrhundert an. Dazu gehören Altäre, Kapellen, Kirchen und Festtage.

In Bologna ist 1129 eine eigene Josefskapelle bezeugt. Sie gilt als die erste Josefskirche der Welt. Aus Urkunden ist nachweisbar, daß Josef als Namenspatron gewählt wurde. In Bologna wurde schon um 1150 sein Name in der Allerheiligenlitanei unter den Bekennern eingeführt. Allgemein steht sein Name seit 1729 in der Allerheiligenlitanei.

Nicht zuletzt förderten die Kreuzzüge im 13. Jahrhundert die Josefsverehrung. Die heiligen Stätten Palästinas riefen Erinnerungen wach. So lebte in Nazareth das Andenken an den heiligen Josef wieder auf.

Im 15. Jahrhundert haben zwei Theologen, die beide Kanzler der Universität Paris waren, der Josefsverehrung entscheidende Impulse gegeben: Peter d'Ailly († 1420) und Johannes Charlier, genannt Gerson († 1429). Der spätere Kardinal d'Ailly schrieb eine wissenschaftliche Abhandlung über die dem heiligen Josef geschuldete Verehrung. Gerson führte die Andacht zum „Nährvater Josef" ein und forderte die Einführung eines eigenen Festes.

Auf dem Konzil von Konstanz (1414–1418) hielt er am Fest Mariä Geburt 1416 eine Predigt, die berühmt wurde. Gerson hat darin wohl zum ersten Mal Josef als Patron der Kirche herausgestellt.

In einigen Orden und Kirchenprovinzen wurde um diese Zeit schon ein Josefsfest gefeiert. Unter Sixtus IV. (1471–1484) finden wir das Josefsfest in liturgischen Büchern (Meßbuch und Brevier). Seit 1621 ist das Josefsfest ein kirchlich gebotener Feiertag.

Unter den Förderern der Josefsverehrung nimmt der große Prediger Bernardin von Siena aus dem Franziskanerorden († 1444) eine besondere Stelle ein: Nach Maria – so predigt er – ist Josef der Heilige, dem wir den größten Dank schulden. Ein Stück seiner Predigt ist im Stundengebet (Brevier) am Fest des heiligen Josef aufgenommen. In der Folgezeit haben große Ordensheilige seine Verehrung gefördert:

Ignatius von Loyola (1491–1556) hat „mit maßvoller Zurückhaltung von Josef gesprochen". In der Gesellschaft Jesu wurde sehr bald die Josefsverehrung gepflegt.

Teresa von Avila (1515–1582) weiht ihr erstes Kloster und weitere Gründungen dem heiligen Josef. Sie ließ in allen Klöstern sein Bild über der Pforte aufstellen. Ihre Verehrung begründet Papst Johannes Paul II. so: „Josef stand im täglichen Kontakt mit dem ‚von Ewigkeit her verborgenen' Geheimnis, das unter dem Dach seines Hauses ‚Wohnung genommen hat'. Dies erklärt, weshalb zum Beispiel die heilige Theresia von Jesus, die große Reformatorin des beschaulichen Karmel, die Erneuerung der Verehrung des heiligen Josef in der abendländischen Christenheit so nachdrücklich forderte."

Franz von Sales (1567–1622) erinnert mit Blick auf Josef daran, daß die Größe eines Menschen bestimmt wird von der Aufgabe, die Gott ihm anvertraut.

Das Fest des heiligen Josef, das seit 1479 Gedenktag, seit 1621 Feiertag ist, hat in der Folgezeit liturgische Höherstufungen erfahren.

Im 18. Jahrhundert erschien eine große Anzahl wissenschaftlicher und auch volkstümlicher Arbeiten über den heiligen Josef. Eine davon hat der heilige Alfons von Liguori (1696–1787) verfaßt, der zu den großen Josefsverehrern gehört.

Im 19. und 20. Jahrhundert förderten Päpste die Josefsverehrung:

Papst Pius IX. führte 1847 das „Schutzfest des heiligen Josef" ein. Im Jahre 1870 wurde er zum Schutzpatron der ganzen Kirche erhoben.

In seiner Enzyklika (Weltrundschreiben) „Quamquam pluries" (1889) schrieb Papst Leo XIII. „über die Verbindung der Anrufung des heiligen Josef mit der Anrufung der jungfräulichen Gottesmutter in dieser bedrängten Zeit". Er empfiehlt darin, die Verehrung Marias mit dem Gebet des heiligen Josef zu verbinden. Es ist das erste päpstliche Lehrrundschreiben, das die Verehrung des heiligen Josef zum Thema hat. Angefügt ist ein Gebet, das in neuer sprachlicher Form im „Gotteslob" steht (Nr. 784,7) und große Verbreitung gefunden hat.

Unter Pius X. (1903–1914) wurde die Litanei zu Ehren des heiligen Josef approbiert. Die Meßtexte zum Fest erhalten 1919 eine eigene Präfation. Mosaiksteine der Josefsverehrung.

Papst Pius XII. (1939–1958) bestimmte 1955 den 1. Mai als „Fest des heiligen Josef, des Arbeiters".

Papst Johannes XXIII. (1958–1963) war ein großer Verehrer des heiligen Josef und nahm seinen Namen 1962 in das römische Hochgebet (Kanon) der heiligen Messe auf.

„Redemptoris Custos" – „Zum Schutz des Erlösers berufen" – beginnt Papst Johannes Paul II. 1989 sein Apostolisches Schreiben über Gestalt und Sendung Josefs im Leben Christi und der Kirche. Der Papst sieht sein Gedenken „in der Spur der jahrhundertealten Verehrung" und sagt darin von Josef, daß er wie kein anderes menschliches Geschöpf, ausgenommen Maria, teilhatte an dem Geheimnis der Menschwerdung. Seine Enzyklika erschien 100 Jahre nach „Quamquam pluries" von Papst Leo XIII.

Zur Geschichte der Verehrung des heiligen Josef gehört auch, daß der Name Josef bei Katholiken beliebt war und zum Beispiel in München – nach Angaben des Statistischen Amtes der bayrischen Landeshauptstadt – auch in diesem Jahrhundert der beliebteste männliche Vorname ist. Insgesamt gab es Ende 1991 in München etwa 14600 Männer mit dem Vornamen Josef.

# Fürsprecher in vielen Anliegen

Heilige, Freunde Gottes und der Menschen, sind Fürsprecher für uns. Sie bleiben in der Herrlichkeit Gottes den Menschen auf Erden nahe.
Die besondere Sendung des heiligen Josef und sein Lebenszeugnis haben ihn zum Patron vieler und zum Fürsprecher in unterschiedlichen Anliegen gemacht:

## Schutzpatron der Kirche

„Es ist daher für den heiligen Josef angebracht und seiner höchst würdig, daß er, so wie er einst die Familie von Nazaret in allen Belangen heiligmäßig zu beschützen gewohnt war, jetzt die Kirche Christi mit seinem heiligen Beistand beschützt und verteidigt" (Leo XIII. in: „Quamquam pluries" vom 15. 8. 1889).
In der oben erwähnten berühmten Predigt proklamierte Johannes Gerson auf dem Konzil von Konstanz am Fest Maria Geburt Josef als Patron der Kirche (1416).
Es ist bemerkenswert, daß von dieser Zeit an die Josefsverehrung einen Aufschwung nahm und sich unter dem Titel „Patron der Kirche" entwickelt hat.

## Patron der Arbeiter

Josef hat als Handwerker gearbeitet und so den Lebensunterhalt für seine Familie verdient. Von ihm sagt der Philosoph und Märtyrer Justin († 165): „Jesus wurde am Jordan für den Sohn des Arbeiters Josef gehalten."
„Dank seiner Werkbank, an welcher er sein Handwerk zusammen mit Jesus ausübte, brachte Josef die

menschliche Arbeit dem Geheimnis der Erlösung näher" (Johannes Paul II. in: „Redemptoris Custos" vom 15. 8. 1989, Nr. 22).


## Patron der Eheleute und Familien

Der himmlische Vater hat Josef „zum Mann seines Vertrauens auf Erden erkoren ... Deswegen finden das Apostolat und die Seelsorge in dem weiten und zugleich grundlegenden Bereich der Berufung zu Ehe und Elternschaft beim heiligen Josef Unterstützung ..." (Johannes Paul II. 19. 3. 1980).


## Patron für Flüchtlinge und Asylanten

Josef mit Maria auf Herbergssuche. Josef auf der Flucht nach Ägypten. So wird er zum Patron aller Flüchtlinge und Asylanten und zum Fürsprecher der Wohnungssuchenden.


## Patron der Sterbenden

Nach der Rückkehr von der Wallfahrt mit dem zwölfjährigen Jesus nach Jerusalem berichtet die Heilige Schrift nichts mehr über Josef. Daraus und genährt durch die apokryphen Schriften wird angenommen, daß Josef in den Händen von Jesus und Maria gestorben ist. So gilt er als Patron der Sterbenden und wird als Fürsprecher um eine gute Sterbestunde angerufen.

## Patron von Ordensgemeinschaften, Bruderschaften und caritativen Werken

Eine Reihe von Ordensgemeinschaften und religiösen Werken haben den heiligen Josef zu ihrem Patron erwählt. Einige haben sich nach ihm benannt.

### Fürsprecher in vielerlei Anliegen

Jeder Heilige hat eine über seine unmittelbare Sendung hinausgehende Berufung. So nennt Franz von Sales Josef „den Nährvater unserer Liebe zu Christus". Teresa von Avila empfiehlt ihn als Lehrmeister des inneren Gebetes.
Im Matthäusevangelium erfahren wir von der Unruhe des heiligen Josef, nachdem er wahrnahm, daß Maria ein Kind erwartete. Dieser „Josefszweifel" ist auch schon Thema frühchristlicher Darstellungen. So wird Josef zum verständnisvollen Fürsprecher aller von Glaubensfragen und Glaubenszweifeln umhergetriebenen Menschen.

„Der heilige Josef wurde von Gott dazu berufen, durch die Ausübung seiner Vaterschaft unmittelbar der Person und Sendung Jesu zu dienen: Auf diese Weise wirkte er in der Fülle der Zeit am großen Geheimnis der Erlösung mit und ist tatsächlich ,Diener des Heils'" (Johannes Paul II. in: „Redemptoris Custos" Nr. 8).

# Quellenverzeichnis

*S. 11:* aus: Rainer Maria Rilke, Sämtliche Werke, © Insel Verlag, Frankfurt a. M. 1955.

*S. 32:* aus: Martin Gutl, Loblied vor der Klagemauer, Verlag Styria, Graz-Wien-Köln.

*S. 59–64:* aus: Jacob J. Petuchowski, Gottesdienst des Herzens. Eine Auswahl aus dem Gebetsschatz des Judentums. Verlag Herder, Freiburg-Basel-Wien 1981, S. 16–23; S. 25–33.

*S. 65f.:* aus: Karl Rahner, Das große Kirchenjahr, Verlag Herder, Freiburg-Basel-Wien ⁴1992.

*S. 66f.:* aus: Alfred Delp, Gesammelte Schriften IV, Verlag Josef Knecht, Frankfurt a. M. 1984, S. 190f.

*S. 67f.:* aus: Ida Friederike Görres, Aus der Welt der Heiligen, Verlag Josef Knecht, Frankfurt a. M. 1955, S. 60f.

*S. 68f.:* Quelle unbekannt.

*S. 74–76:* aus: Henri Nouwen, Nachts bricht der Tag an, Verlag Herder, Freiburg-Basel-Wien ³1992.

*S. 81f.:* aus: Felix Timmermans, Das Jesuskind in Flandern, © Insel Verlag, Frankfurt a. M. 1986.

*S. 82–84:* aus: Felix Timmermans, Die Flucht nach Ägypten, © Insel Verlag, Frankfurt a. M. 1952, S. 196–209.

*S. 84–86:* aus: Ernest Claes, Die Heiligen von Sichem, IB 483, © Insel Verlag, Frankfurt a. M., S. 10f., 28f.

*S. 91:* © Ständige Kommission für das Gotteslob, Bonn.

*S. 97f.:* aus: Ida Friederike Görres, Aus der Welt der Heiligen, Verlag Josef Knecht, Frankfurt a. M. 1955, S. 161–163.

# Bildverzeichnis

*S. 25:* Foto: Oswald Kettenberger, Maria Laach

*S. 29:* Foto: Helmuth Nils Loose, Buggingen

*S. 31:* Foto: Hermann Wehmeyer, Hildesheim

*S. 34:* Foto: F. X. Barth, Ottobrunn

*S. 39:* Foto: Kath. Pfarramt St. Nicolai und St. Pancratius, Kalkar

*S. 41:* Foto: Kath. Propsteigemeinde St. Viktor, Xanten, Aufnahme von Michael Saint-Mont, Düsseldorf

*S. 45:* Foto: Werner Roemer, Düsseldorf

# Den Alltag in der Familie
# christlich leben

## Liturgisches Hausbuch
Gebete in der Familie

Herausgegeben
von Heinz Janssen

*Leineneinband:*
*525 Seiten. ISBN 3-7666-9645-9*
*Ledereinband mit Goldschnitt:*
*525 Seiten. ISBN 3-7666-9666-1*

Unter den Hauptkapiteln „In der Familie und allein beten", „Mit der Familie feiern" und „Mit der Kirche leben" hat der Herausgeber eine Fülle von Gebeten und Anregungen für den christlichen Lebensalltag in der Familie zusammengetragen. Ein Hausbuch, ein Lebensbegleiter, ein kostbares Geschenk – im Gotteslobformat –, das man sich auch selber machen sollte.

„Diesem begrüßenswerten ‚Hausbuch' kann man nur eine weite Verbreitung wünschen. Es zeigt auf seine Weise, welche Fülle von Möglichkeiten – auch für die Familie – das liturgische Jahr bietet. Der Ansatz, dem dieses ‚Hausbuch' folgt, ist goldrichtig: Die Lebendigkeit der Gemeinden kommt aus religiös lebendigen Familien." (Klerusblatt)

**Verlag Butzon & Bercker Kevelaer**